MINISTÈRE
DE LA MARINE
ET
DES COLONIES.

DIRECTION
DES COLONIES

PRÉCIS

SUR

LES ÉTABLISSEMENTS FRANCAIS

FORMÉS

A MADAGASCAR,

IMPRIMÉ PAR ORDRE DE M. L'AMIRAL DUPERRÉ,

PAIR DE FRANCE, MINISTRE SECRÉTAIRE D'ÉTAT

DE LA MARINE ET DES COLONIES.

PRÉCIS

SUR

LES ÉTABLISSEMENTS FRANÇAIS

FORMÉS

A MADAGASCAR,

IMPRIMÉ PAR ORDRE DE M. L'AMIRAL DUPERRÉ,
PAIR DE FRANCE, MINISTRE SECRÉTAIRE D'ÉTAT
DE LA MARINE ET DES COLONIES.

PARIS,

IMPRIMERIE ROYALE.

M DCCC XXXVI.

PRÉCIS

SUR LES ÉTABLISSEMENTS FRANÇAIS

FORMÉS

A MADAGASCAR.

MINISTÈRE
DE LA MARINE
ET
DES COLONIES.

DIRECTION
DES COLONIES.

Dès l'année 1642, les avantages maritimes et commerciaux que pouvait offrir l'occupation de Madagascar [1] attirèrent l'attention de la France; et pendant près de deux siècles les Français demeurèrent exclusivement en possession de faire le commerce sur la côte orientale de cette île. Ils y fondèrent successivement divers établissements, parmi lesquels se placent en première ligne le Fort-Dauphin, Mangafia ou Sainte-Luce, Tamatave, Foulpointe, l'île Sainte-Marie, la Pointe-à-

1642 — 1786.

Établissements
formés
à Madagascar
antérieurement
à 1814.

---

[1] L'île de Madagascar est située à l'entrée de l'océan Indien, sur la route de la mer Rouge, du golfe Persique, de l'Indostan, du Bengale, des îles de la Sonde, etc. De vastes forêts, contenant des bois propres aux constructions navales, couvrent une partie de son territoire, qui a trois cent cinquante lieues environ de longueur sur une largeur de cent dix lieues. On y trouve en abondance du gros et du menu bétail, des tortues, des volailles, du riz, de la gomme copale, de l'ambre gris, de la cire et divers autres produits.

1642 — 1814.

Larrée ou Tintingue, Louisbourg, et quelques autres comptoirs dans la baie d'Antongil.

Depuis 1642, époque de la fondation du Fort-Dauphin, jusqu'en 1786, ces établissements furent tour à tour occupés, abandonnés et occupés de nouveau, selon que l'exigèrent nos vues, nos convenances ou des circonstances locales. Quelques-uns eurent, à de certaines époques, une importance plus ou moins grande. C'est ainsi que le Fort-Dauphin fut, de 1667 à 1670, le chef-lieu des possessions orientales de la compagnie des Indes, la résidence d'un gouverneur général et le siége d'un conseil souverain; mais, à la fin de 1671, presque tous les blancs ayant été massacrés par les naturels, les Français cessèrent d'y résider d'une manière permanente.

Après l'abandon des établissements formés dans la baie d'Antongil par le célèbre baron de Beniowski, vers 1786, la France n'eut plus à Madagascar qu'un commerce d'escale, et n'y conserva, sous la direction d'un agent commercial et sous la protection d'un petit nombre de soldats fournis par la garnison de l'Ile-de-France, que quelques postes de traite indispensables pour assurer l'approvisionnement de cette dernière île et de celle de Bourbon, en riz[1], bœufs et salaisons[2].

Les Anglais s'emparent, en 1811,

Pendant les guerres de l'empire, ces postes furent concentrés à Tamatave et à Foulpointe. Ils tombèrent au pouvoir

---

[1] De tout temps, Bourbon a eu besoin de tirer de Madagascar la plus grande partie du riz nécessaire à sa consommtaion, et surtout depuis que la presque totalité des terres précédemment employées à la culture des vivres a été consacrée à celle de la canne à sucre.

[2] Le bœuf s'acclimate difficilement à Bourbon, où l'aridité des pâturages ne permettrait pas d'ailleurs d'élever des troupeaux de race bovine assez nombreux pour la nourriture de la population et pour le service des charrois qui en emploie beaucoup.

(3)

des Anglais en 1811, par suite d'une capitulation conclue
entre M. Sylvain Roux, agent commercial français à Tamatave,
et le commandant d'une division navale de S. M. B. [1]
Les Anglais détruisirent les forts qui existaient dans
nos comptoirs, et abandonnèrent ensuite le pays aux indigènes.

Le traité de Paris du 30 mai 1814 rendit à la France
ses anciens droits sur Madagascar. L'article 8 stipule en effet
la restitution des établissements de tout genre que nous pos-
sédions hors de l'Europe avant 1792, à l'exception de certaines possessions, au nombre desquelles ne figure point Madagascar. Mais comme cet article portait en même temps cession à la Grande-Bretagne de la propriété de l'*Ile-de-France et
de ses dépendances*, sir Robert Farquhar, gouverneur de cette
colonie devenue anglaise, prétendit que les établissements de
Madagascar se trouvaient implicitement compris dans la cession, comme ayant été rangés au nombre des dépendances de
l'Ile-de-France antérieurement à 1792.

Cette interprétation erronée du traité de Paris donna lieu,
entre les cours de France et d'Angleterre, à une négociation
à la suite de laquelle le gouvernement anglais reconnut que
la prétention élevée par sir Robert Farquhar n'était nullement
fondée, et adressa à ce gouverneur, sous la date du 18 octobre
1816, l'ordre de remettre immédiatement à l'administration
de Bourbon les anciens établissements français de Madagascar.

En mars 1817, les administrateurs de l'île de Bourbon
furent chargés par M. le vicomte Dubouchage, alors ministre

---

[1] *Sommation faite à M. Sylvain Roux par le capitaine Linne, du
18 février 1811.*

de la marine et des colonies[1], de faire procéder à la reprise de possession de ces établissements, et d'envoyer provisoirement sur les lieux un agent commercial, avec le nombre d'hommes nécessaires pour faire respecter le pavillon français [2].

Depuis l'abandon des établissements successivement formés au Fort-Dauphin et à la baie d'Antongil, nous n'avions eu à Madagascar, ainsi qu'il a été dit ci-dessus, que de simples postes de traite ; mais, avant 1811, l'Ile-de-France nous appartenait, et nous pouvions encore conserver l'espoir de rentrer dans nos droits sur Saint-Domingue. Après la conclusion des traités de 1814 et de 1815, la situation de la France relativement à ses possessions coloniales se trouva totalement changée : l'Ile-de-France avait passé sous la domination anglaise ; la soumission de Saint-Domingue était plus qu'incertaine ; l'abolition de la traite, stipulée dans l'un et l'autre traité, présageait la décadence des Antilles, de la Guyane et de Bourbon ; et, cette dernière île étant dépourvue de port, nous n'avions plus, à l'est du cap de Bonne-Espérance, un seul point de relâche où, en temps de guerre, nos vaisseaux pussent trouver un abri et se ravitailler. Le temps paraissait donc venu d'examiner attentivement si Madagascar pouvait nous rendre ce que nous avions perdu, et se prêter à des établissements avantageux à notre marine et à notre commerce.

M. le vicomte Dubouchage chargea, dans cette vue,

---

1 M. le vicomte Dubouchage, nommé ministre de la marine le 24 septembre 1815, resta à la tête de ce département jusqu'au 23 juin 1817. Il fut remplacé par M. le maréchal Gouvion-Saint-Cyr.

2 *Dépêche ministérielle du 4 mars 1817 ; rapport au ministre, du 18 septembre 1817.*

M. le conseiller d'état Forestier, vice-président du comité de la marine et ancien chef de division au ministère de la marine, de rechercher, d'après les documents existants dans les archives de ce département, quel parti la France pouvait tirer de ses anciennes possessions de Madagascar. Ces documents étant peu nombreux et peu propres surtout à faire connaître l'état réel du pays, M. Forestier consulta M. Sylvain Roux, dernier agent français à Tamatave, alors à Paris, ainsi qu'un ancien chef de traite, qui avait également résidé plusieurs années à Madagascar; et il remit au ministre de la marine un mémoire [1] où, après avoir exposé la nécessité d'étendre les relations de notre commerce, de donner une plus grande activité à notre navigation, d'ouvrir de nouveaux débouchés aux produits de l'agriculture et de l'industrie françaises, et de fournir des moyens d'existence à l'excédant de la population du royaume, qui commençait à prendre un accroissement inquiétant pour l'avenir, il proposait de fonder un établissement colonial d'une certaine importance sur la côte orientale de Madagascar. Cette côte, la seule où la France eût autrefois possédé de pareils établissements, lui semblait, par sa position rapprochée de Bourbon [2], le point le plus favorable à des projets de colonisation. La petite île de Sainte-Marie, qui en était très-voisine, offrait, à son avis, une réunion d'avantages propres à fixer d'abord le choix du gouvernement : le canal qui la séparait de la côte orientale de Madagascar formait une rade belle, sûre, et d'un abord facile en tout temps; et vis-à-vis se trouvait le port de Tintingue, susceptible de devenir un grand

1817.

—

Forestier
est
chargé d'examiner
le parti
à tirer
des anciennes
possessions
françaises
de Madagascar.

—

Plan
de colonisation
proposé
par M. Forestier.

—

[1] *Mémoire sur un projet d'établissement à Madagascar, du 20 mai 1817.*
[2] La distance qui sépare Madagascar de l'île Bourbon est de 140 lieues.

1817 — 1818.

arsenal maritime. Former un premier établissement à Sainte-Marie; se porter à Tintingue aussitôt que cet établissement serait suffisamment consolidé; de là s'avancer et s'étendre dans la grande île à mesure que les moyens de colonisation seraient acquis; employer à la culture des naturels du pays, en les traitant soit comme esclaves, soit comme des engagés qui, après quatorze années, seraient affranchis et pourraient participer, comme habitants de la colonie, à la distribution des terres, tel était le plan développé dans le mémoire de M. Forestier, qui proposait de composer la première expédition d'un administrateur en chef, de quatorze officiers civils, de cent treize officiers, sous-officiers et soldats, et de cent vingt colons, en tout deux cent quarante-huit personnes, et d'affecter aux frais de cette expédition une somme de 1,200,000 fr.

Le ministre de la marine ajourne exécution du plan de colonisation.

En présence des charges qui pesaient alors sur la France, il fut reconnu impossible de subvenir à une pareille dépense, et même à une dépense moindre; aussi, quoique M. le baron Portal, alors directeur de l'administration des colonies, eût proposé de modifier le plan présenté par M. Forestier de façon à le renfermer dans les limites d'un crédit de 300,000 francs [1], le ministre de la marine [2] prononça l'ajournement de l'expédition projetée jusqu'en 1819, espérant qu'à cette époque la situation des finances permettrait au gouvernement de se livrer à des entreprises utiles en ce qui touchait nos possessions coloniales [3].

[1] *Rapport au ministre de la marine, du 18 septembre 1817.*

[2] M. le comte Molé avait succédé, le 12 septembre 1817, à M. le maréchal Gouvion-Saint-Cyr; il garda le portefeuille de la marine jusqu'au 28 décembre 1818.

[3] *Note pour le ministre de la marine et décision ministérielle, du 25 septembre 1817.*

Le département de la marine profita de ce délai pour se procurer des notions positives sur la côte orientale de Madagascar, et notamment sur Tintingue et Sainte-Marie. Une commission spéciale, placée sous les ordres de M. Sylvain Roux, et composée d'un ingénieur-géographe, de l'arpenteur, du jardinier-botaniste du Roi à Bourbon, et d'un colon de cette île[1], fut chargée d'aller explorer les lieux et de reconnaître le point où il serait possible de former un établissement de culture et de commerce[2]. Cette exploration, à laquelle concoururent M. le baron de Mackau, capitaine de frégate, commandant la flûte du roi *le Golo*, et son état-major, eut lieu pendant les quatre derniers mois de 1818.

Les explorateurs visitèrent successivement Tamatave, Foulpointe, et tout le littoral jusqu'à Tintingue et Sainte-Marie. Ils reprirent solennellement possession de Sainte-Marie le 15 octobre 1818, et de Tintingue le 4 novembre suivant, en présence des chefs et des principaux habitants du pays, réunis en kabar ou assemblée générale[3].

L'exploration terminée, ils revinrent à Bourbon et y consignèrent le résultat de leurs observations dans des rapports qui furent transmis par le gouverneur au département de la marine.

Tintingue et Sainte-Marie étaient présentés dans ces rapports[4] comme les points les plus convenables pour la formation d'établissements coloniaux.

____

[1] MM. Schneider, Petit de la Rhodière, Bréon, et Choppy-Desgranges.

[2] *Note précitée du 25 septembre 1817, et dépêche ministérielle du 9 octobre 1817.*

[3] *Procès-verbaux de reprise de possession de Sainte-Marie et de Tintingue; lettre du gouverneur de Bourbon, du 28 janvier 1819.*

[4] *Rapports, 1º de M. le baron de Mackau, du 21 décembre 1818; 2º de*

1817 — 1818.

Exploration
de la côte orientale
de Madagascar.

Reprise
de possession
de Sainte-Marie
et
de Tintingue.

Résultats
de l'exploration
de
la côte orientale
de Madagascar.

1818 — 1819.

Tintingue.

Tintingue, situé sur la grande terre, vis-à-vis de l'île Sainte-Marie, possédait un port magnifique, à l'abri de tous les vents et capable de contenir jusqu'à quarante vaisseaux de haut bord. Le pays avoisinant était remarquable par sa fécondité, abondant en bois précieux pour les constructions maritimes et arrosé par plusieurs rivières considérables, dont trois avaient leur embouchure dans la rade. Les explorateurs regardaient ce point comme offrant toutes les facilités désirables pour fonder des établissements de culture; mais ils pensaient, surtout M. Sylvain Roux, que le premier établissement devait être fondé dans la petite île de Sainte-Marie, qui était beaucoup plus saine que la grande terre, et qui, à raison de sa position insulaire, offrait plus de sécurité.

Sainte-Marie.

Cette île, d'environ douze lieues de long sur deux à trois de large, est séparée de la côte orientale de Madagascar par un canal, large d'une lieue et un quart dans sa partie la plus étroite, vis-à-vis de la Pointe-à-Larrée, et de quatre lieues vis-à-vis de Tintingue. Suivant les explorateurs, on y trouvait un bon port, qui, quoique peu étendu, pouvait recevoir des frégates. A l'est, les côtes de l'île étaient inattaquables, à cause des récifs qui les environnaient, et à l'ouest la défense en était facile, au moyen de quelques travaux peu dispendieux. Les terres paraissaient d'assez bonne qualité et favorables à la culture de la plupart des productions intertropicales. De nombreux ruisseaux et des rivières y coulaient dans tous les sens. Les bois propres aux constructions navales croissaient abondamment dans l'île; et l'on pouvait se procurer sur les lieux

M. Sylvain Roux, du 20 janvier 1819; 3° de M. Bréon, de la même date; 4° de M. Petit de La Rhodière, du 10 février 1819.

mêmes tous les matériaux nécessaire pour bâtir. La population de Sainte-Marie ne s'élevait pas au delà de mille à douze cents âmes; mais l'île pouvait aisément fournir du travail à vingt-cinq ou trente mille cultivateurs engagés ou esclaves, et à quatre ou cinq mille Européens.

Les explorateurs s'accordaient à déclarer que le climat de la côte orientale de Madagascar n'était point aussi insalubre qu'on le pensait généralement. Sainte-Marie leur paraissait d'ailleurs susceptible d'être considérablement assainie par le dessèchement de quelques marais et par la mise en culture d'une portion du territoire. L'exploration fournissait, au reste, une preuve assez concluante en faveur de la salubrité du pays ; car, pendant les quatre mois qu'elle avait duré, malgré l'influence de la mauvaise saison, malgré les fièvres pernicieuses dont plusieurs des explorateurs furent atteints, on n'eut à regretter qu'un seul homme sur un personnel de cent cinquante individus[1].

Loin de contester nos droits à la propriété de Sainte-Marie, les chefs et les habitants s'étaient empressés d'en reconnaître la validité[2]. Plusieurs d'entre eux se souvenaient d'avoir entendu raconter à leurs pères les circontances de la cession de l'île à la compagnie des Indes, faite en 1750 par Betty, fille de Ratzimilo, souveraine de l'île, et par Dianezanhare, son frère, chef de Foulpointe[3]. Les explorateurs avaient d'ailleurs retrouvé quelques débris d'édifices de construction européenne, qui confirmaient cette tradition favorable à nos droits, notamment une pyramide en pierre, de forme quadrangulaire

[1] *Rapport précité de M. Sylvain Roux, du 20 janvier 1819.*
[2] *Procès-verbal de reprise de possession, du 15 octobre 1818.*
[3] *Rapport de M. Sylvain Roux, du 20 janvier 1819.*

1818 — 1819.

et tronquée, sur laquelle étaient gravées les armes de France au-dessus de celles de la compagnie des Indes, avec le millé-sime de 1753 [1]. C'était même en ce lieu qu'ils avaient arboré le pavillon national pour constater la reprise de possession.

Bon accueil fait aux explorateurs par les chefs de Tamatave et de Tintingue.

Le meilleur accueil avait été fait aux explorateurs dans tous les lieux où il s'étaient montrés. Jean René, mulâtre d'origine française, chef de Tamatave [2], et Tsifanin, chef de Tintingue, les avaient surtout reçus avec des témoignages de satisfaction et d'amitié; et la confiance que les Français inspirèrent fut si grande, que le premier remit Berora, son neveu et son fils adoptif, et le second Mandi-Tsara, son petit-fils, au comman-dant de la flûte *le Golo*, avec prière de faire élever ces deux enfants dans un collége de France.

Retour en France de M. Sylvain Roux.

M. Sylvain Roux ayant obtenu l'autorisation de revenir en France pour y rétablir sa santé, altérée par les travaux de l'exploration, et pour y donner en même temps au départe-ment de la marine tous les éclaircissements désirables sur l'objet de sa mission, partit de Bourbon, en avril 1819, em-menant avec lui les deux princes malgaches. Il arriva sur la fin de juillet à Paris, où M. le baron de Mackau était lui-même arrivé quelque temps auparavant. Il était porteur d'une

Lettre de J⁻ René à Louis XVIII.

lettre [3], dans laquelle Jean René implorait la bienveillance

---

[1] En 1752, tous les Français résidant à Sainte-Marie furent, à l'exception de quatre, massacrés par les Malgaches. Il paraîtrait que la pyramide dont il est ici question aurait été érigée l'année suivante, en signe de reprise de possession. *Rapport de M. Sylvain Roux, du 20 janvier 1819.*

[2] Jean René, né au Fort-Dauphin, d'un père blanc et d'une mère malgache, fut d'abord interprète du gouvernement à Tamatave. Il profita, vers 1811, des démêlés existant depuis longtemps entre les chefs de Tamatave et de Foul-pointe, pour s'emparer du pouvoir souverain, auquel il prétendait avoir des droits par sa mère.

[3] *Lettre du 8 décembre 1818, adressée au Roi.*

du roi en faveur de son fils, protestait de sa soumission au monarque français, annonçait qu'il avait appris avec la plus grande joie l'intention où la France était de former de grands établissements à Madagascar, et suppliait enfin sa majesté de lui envoyer des savants et des professeurs pour instruire les peuples qu'il gouvernait. M. le baron Portal [1] mit cette lettre sous les yeux du roi, et lui présenta en même temps les deux jeunes princes madécasses, qui furent placés dans un établissement public pour y faire leur éducation.

En reprenant possession des anciens comptoirs français de la côte orientale de Madagascar, M. Sylvain Roux s'était borné à arborer notre pavillon à Tintingue et à Sainte-Marie. Pour assurer le respect qui lui était dû et veiller à la conservation de nos droits, M. le baron Milius, gouverneur de l'île Bourbon, jugea convenable d'établir des postes militaires sur ces deux points; et, le 7 juillet 1819, la goëlette du roi *l'Amaranthe*, commandée par M. l'enseigne de vaisseau Frappas, partit de Bourbon, ayant à bord les détachements destinés à y être placés. Afin de rendre ce voyage utile aux vues du gouvernement sur Madagascar, M. Milius fit embarquer à bord de *l'Amaranthe* M. Schneider, ingénieur géographe, qui avait été déjà employé dans l'exploration exécutée par M. Sylvain Roux, et M. Albrand, professeur au collège de l'île Bourbon, pour explorer, conjointement avec M. Frappas, la côte de Madagascar, depuis Sainte-Marie jusqu'au Fort-Dauphin, et reprendre possession

1819.

M. Milius, gouverneur de Bourbon, envoie des détachements pour occuper Tintingue et Sainte-Marie.

Seconde exploration de la côte orientale de Madagascar, ordonnée par M. Milius.

---

[1] M. le baron Portal, qui avait été nommé ministre de la marine le 29 décembre 1818, conserva le portefeuille de ce département jusqu'au 13 décembre 1821. M. Mauduit l'avait remplacé, le 31 décembre 1818, comme Directeur de l'administration des colonies; il occupa cette place jusqu'au 19 septembre 1822.

de ce dernier point[1]. La petite expédition arriva le 12 juin 1819 à Sainte-Marie. Le poste militaire y fut établi sous le commandement de M. Carayon, officier d'artillerie; l'autre poste fut placé à Tintingue peu de jours après.

Les nouveaux explorateurs ne virent point Sainte-Marie et Tintingue d'un œil aussi favorable que ceux qui les avaient précédés. Sainte-Marie, à cause des marais insalubres qui la couvraient en partie, de son sol sablonneux et pierreux, de la mauvaise qualité de ses eaux, leur parut présenter peu d'avantages pour des entreprises agricoles; ils la considérèrent seulement comme un point militaire propre à couvrir d'autres établissements. S'ils jugèrent Tintingue susceptible d'être occupé, ce ne fut également que comme position militaire et comme point de relâche. Ils en trouvèrent la rade très-belle; mais, à leur avis, il n'existait point de contrée plus marécageuse et plus insalubre, et la terre, pour y devenir cultivable, exigeait des travaux immenses.

De Tintingue, *l'Amaranthe* se rendit à Tamatave et ensuite au Fort-Dauphin, dont M. Albrand reprit possession le 1er août 1819, et où les Français furent parfaitement accueillis par les naturels[2]. M. Albrand reprit en même temps possession de Sainte-Luce, ancien établissement français situé à peu de distance. De tous les points de la côte de Madagascar, le Fort-

---

[1] *Lettre de M. Milius, du 4 juin 1819.*

[2] Le Fort-Dauphin n'était plus qu'un amas de ruines recouvertes de lianes; cependant une partie des murs de l'ancien fort, le magasin à poudre et la porte d'entrée subsistaient encore. M. Albrand fit construire dans l'enceinte du fort une case de 35 pieds de long sur 15 de large, pour loger deux canonniers et recevoir, s'il y avait lieu, une petite garnison par la suite. *Procès-verbal de la reprise de possession, du 1er août 1819; rapport de M. Albrand, du 17 du même mois.*

Dauphin parut aux explorateurs celui où l'on pouvait espérer de s'établir avec le plus d'avantages et de facilité. Selon eux, c'était l'endroit le plus sain de l'île : l'élévation moyenne de la température semblait devoir permettre d'y cultiver avec un égal succès les végétaux de l'Europe et ceux des colonies ; le terrain y était fertile ; les premières difficultés avaient disparu, car des défrichements avaient eu lieu dans plusieurs parties, et les vivres étaient abondants ; les moussons rendaient les communications avec Bourbon toujours promptes[1] ; enfin la rade, quoique moins belle que celle de Tintingue, était d'un facile accès, et pouvait être mise à l'abri de tous les vents au moyen d'une jetée dont la construction serait peu dispendieuse[2].

En transmettant au département de la marine les rapports des nouveaux explorateurs, M. Milius fit connaître au ministre qu'il partageait leur opinion sur la préférence à donner à la presqu'île du Fort-Dauphin, pour la formation d'un établissement colonial. Le caractère indolent et soupçonneux des habitants de Sainte-Marie, et surtout l'insalubrité du pays, justifiaient à ses yeux cette préférence. Il ne voyait, au

1819.

Le Fort-Dauphin est représenté comme le lieu le plus convenable pour un établissement colonial.

M. Milius partage l'avis des explorateurs sur le Fort-Dauphin.

---

[1] Du 20° au 25° S., où se trouve à peu près le Fort-Dauphin, la mousson est presque constamment du N.-E. : les traversées de cette partie de la côte de Madagascar à Bourbon sont donc toujours favorisées par le vent le plus propice. A Sainte-Marie, la mousson est S.-E. d'avril en novembre, et il faut alors 12 à 15 jours pour se rendre à Bourbon ; mais, de novembre à avril, les vents et la mer reversent du N.-E., et les traversées sont alors beaucoup plus courtes. *Rapport de M. Frappas, du 1er octobre 1819.*

[2] *Lettres et rapports de M. Albrand, des 19 juillet, 17 et 29 août, et 11 septembre 1819 ; rapport de M. Schneider, du 16 août 1819 ; rapports de M. Frappas, et de M. Henry, second de l'Amaranthe, du 1er octobre 1819 ; topographie médicale des établissements français de Madagascar, par M. Pommier, chirurgien de l'Amaranthe.*

surplus, ni moins d'avantages ni moins de dangers à s'établir à Sainte-Marie plutôt que sur un point quelconque du littoral de la Grande-Terre, le Fort-Dauphin excepté. Quel que fût au reste le lieu à choisir, le projet d'un établissement à Madagascar ne lui semblait réalisable qu'autant que le gouvernement se déterminerait à faire des dépenses considérables [1].

Quelques mois avant la réception de ces rapports, le ministre de la marine avait été dans le cas de pressentir le conseil des ministres sur le projet de coloniser Madagascar, en commençant par s'établir à Sainte-Marie, et par occuper Tintingue, ainsi que l'avaient proposé, d'abord M. Forestier, et ensuite M. Sylvain Roux dans son rapport sur l'exploration dont l'avait chargé le département de la marine. Le conseil des ministres ne parut pas éloigné de donner suite à ce plan; mais il pensa que, dans les circonstances où l'on se trouvait alors, on ne pouvait espérer de le voir accueillir par les chambres législatives qu'autant que les dépenses en seraient très-modérées [2].

M. Sylvain Roux se montrait fort ardent à faire adopter ses vues; mais M. le baron Portal, opposant aux spéculations brillantes qui lui étaient présentées le souvenir de nos essais constamment malheureux sous un climat funeste aux Européens, sut se défendre de toute précipitation.

Avant de prendre aucune détermination, il crut devoir soumettre le plan projeté à l'examen d'une commission composée, sous la présidence de M. le conseiller d'état Forestier,

Commission chargée de l'examen du nouveau plan de colonisation.

----

[1] *Lettres de M. Milius, des 13 octobre et 17 novembre 1819.*

[2] *Note pour le conseil des ministres, du 10 septembre 1819.*

de MM. de Mackau, Sylvain Roux et Frappas, qui se trouvaient alors tous trois réunis à Paris[1].

Les deux premières questions que la commission se posa furent celles de savoir si le gouvernement devait fonder une colonie agricole à Madagascar, ou se borner simplement à y ouvrir un port aux bâtiments français naviguant au delà du cap de Bonne-Espérance[2].

La création d'une colonie intertropicale, surtout dans une île aussi insalubre et aussi lointaine que Madagascar, entraînait avec elle des difficultés, des dépenses et des embarras politiques qui frappèrent la commission. Depuis deux cents ans, on avait, à diverses reprises et toujours sans succès, tenté de fonder à Madagascar des établissements coloniaux : fallait-il renouveler les sacrifices d'hommes et d'argent qu'avaient coûté ces tentatives, sans être plus sûr qu'on ne l'était de la réussite? la commission ne le pensait pas. En supposant que l'on se déterminât pour l'affirmative, à quelle localité donner la préférence? Les partisans d'une colonisation dans le sud-est de l'île vantaient la salubrité du littoral, la douceur des habitants, la fertilité des terres ; tandis que les partisans d'une colonisation dans le nord-est prétendaient que l'air, la terre et les hommes étaient, à peu de choses près, les mêmes partout: et ces avis divergents étaient fondés sur des observations et des reconnaissances, également faites sur les lieux par chacun de ceux qui les soutenaient[3].

Au milieu de ce conflit d'opinions, une seule vérité parut

1820.

———

Opinion
de la commission
chargée
de l'examen
du plan
de colonisation.

———

---

[1] *Rapport au ministre et décision ministérielle du 13 avril 1820.*

[2] *Rapports de M. Forestier au ministre de la marine, des 25 mai et 2 août 1820.*

[3] *Ibidem.*

1820.

La commission
est d'avis
de fonder un port
à Tintingue.

incontestée à la commission : c'est qu'il n'existait, sur toute la côte orientale, depuis la baie d'Antongil jusqu'au Fort-Dauphin, qu'un seul lieu où des vaisseaux pussent entrer et séjourner sans péril, et ce lieu était Tintingue. Or, dans le cas même de la création d'une colonie agricole, comme on ne pouvait admettre qu'il fût raisonnable de fonder une semblable colonie à 3,500 lieues de la France sans posséder un port, la commision était d'avis que le choix du gouvernement s'arrêtât sur le port de Tintingue, qui n'avait pas besoin, comme le Fort-Dauphin, de la construction, nécessairement très-dispendieuse, d'une jetée, pour offrir un mouillage exempt de dangers [1].

Si Tintingue semblait mériter la préférence sous le rapport maritime, la commission n'osait affirmer que ce lieu présentât les mêmes avantages sous le rapport agricole : non que la terre n'y fût fertile, les eaux abondantes, la végétation riche et vigoureuse; mais les marais profonds qui l'entouraient, les miasmes insalubres qui s'en exhalaient, les travaux qu'il faudrait faire pour assainir le sol, et l'embarras enfin de se défendre au milieu d'une population inquiète et nombreuse, étaient autant de motifs qui, dans son opinion, devaient engager le gouvernement à se borner d'abord à fonder un port à Tintingue [2]. La prudence et l'économie s'accordaient d'ailleurs pour conseiller un tel parti.

La commission
propose
de former
un établissement,
d'abord
à Sainte-Marie.

Sainte-Marie étant la clef du port de Tintingue, et offrant, par sa position insulaire, des garanties de sécurité qui ne se trouvaient dans aucune autre partie de Madagascar, la commission pensait que, dans les premiers temps, il suffirait de s'éta-

1 *Rapports de M. Forestier au ministre de la marine, des 25 mai et 2 août 1820.*

2 *Ibidem.*

1820.

blir dans cette île. Là, avec peu d'hommes et une dépense modérée, on pourrait jeter les fondements d'une colonie susceptible de s'étendre plus tard sur la grande terre de Madagascar. Tout en formant un établissement maritime à Sainte-Marie, on s'y livrerait à des essais de culture, ainsi qu'à la pêche de la baleine, industrie très-profitable dans ces parages; et l'on chercherait à attirer peu à peu le commerce de ce côté. L'occupation de Sainte-Marie n'empêcherait point d'arborer à Tintingue le pavillon français, d'y construire un magasin pour des agrès et apparaux, d'y entretenir une petite garnison, et de permettre aux colons habitués à fréquenter Madagascar de s'y transporter avec leurs esclaves et leur industrie. Ce système était, aux yeux de la commission, le seul qui pût à la fois donner à la France un port au delà du cap de Bonne-Espérance, et lui promettre pour l'avenir la possession d'une colonie agricole[1].

Quant aux moyens d'exécution, la commission était d'avis qu'ils fussent renfermés dans les limites d'une judicieuse économie. L'administration locale devrait être réduite aux agents strictement nécessaires, et le détachement militaire destiné à prendre possession de Sainte-Marie et de Tintingue se composer d'environ soixante officiers, sous-officiers et soldats : ces derniers seraient tous ouvriers, pour ne pas multiplier les consommateurs sans nécessité. Dans les premiers temps, on ne transporterait dans la colonie aucun cultivateur, soit de France, soit de l'île Bourbon : les administrateurs et les officiers seraient les premiers colons, et l'on se bornerait à louer un cer-

Moyens
d'exécutions
du
plan
proposé
par la commission.

---

[1] *Rapports de M. Forestier au ministre de la marine, des 25 mai et 2 août 1820.*

tain nombre de noirs, pour être employés à la culture des denrées de première nécessité. Enfin la même réserve et la même économie présideraient à tous les éléments de la colonisation ; et si ces modestes essais étaient couronnés de succès, on trouverait plus tard toute facilité pour en élargir les bases et pour obtenir des chambres législatives les fonds nécessaires [1].

Telles étaient les vues de la commission présidée par M. Forestier.

Pénétré de l'importance de rendre un port à la navigation française dans les mers de l'Inde, M. le baron Portal accueillit le plan proposé ; mais, avant de prendre un parti définitif, il voulut encore s'éclairer de l'avis de M. le capitaine de vaisseau Freycinet, qui était sur le point de quitter la France pour aller remplacer M. le baron Milius, en qualité de commandant et administrateur de Bourbon [2]. Après avoir pris connaissance de toutes les pièces, M. de Freycinet déclara qu'il partageait l'opinion de la commission, non-seulement quant au but essentiel qu'il s'agissait d'atteindre, mais aussi quant aux principaux moyens à employer pour réussir [3].

M. le baron Portal n'hésita plus dès-lors à donner son adhésion pleine et entière au plan présenté par la commission. Il le soumit au conseil des ministres, qui en adopta les bases. Il fit

---

[1] *Rapports de M. Forestier au ministre de la marine, des 25 mai et 2 août 1820.*

[2] M. de Freycinet succéda, le 15 février 1821, à M. Milius dans le gouvernement de l'île Bourbon, et continua d'occuper cette place jusqu'au 20 octobre 1826, époque où il fut remplacé par M. de Cheffontaines.

[3] *Lettre de M. de Freycinet, du 22 septembre 1820.*

ensuite agréer au Roi et aux Chambres l'essai de colonisation de Sainte-Marie, en le réduisant toutefois à des proportions qui, suffisantes pour agir avec fruit, ne pussent cependant compromettre de trop graves intérêts, si les résultats de l'entreprise ne répondaient pas à ce qu'on devait raisonnablement en attendre. Les fonds extraordinaires affectés à cet essai furent limités à la somme de 700,000 francs, répartis de la manière suivante : 480,000 francs sur l'exercice 1820, pour frais d'expédition et de premier établissement[1]; 93,000 francs pour chacune des années 1821 et 1822, et 94,000 francs pour 1823[2].

L'expédition destinée à jeter les fondements de l'établissement projeté fut composée de soixante-dix-neuf individus, lesquels comprenaient, outre le personnel du service colonial[3], une compagnie de soixante officiers et ouvriers militaires de la marine, et six colons volontaires, hommes et femmes.

On affecta au transport de ce personnel et du matériel de l'expédition la gabare *la Normande* et la goëlette *la Bacchante*. Ces deux bâtiments de l'État furent destinés à rester à Sainte-Marie, le premier pour servir de caserne, de maga-

1820 — 1821.

Le Roi
et les Chambres
approuvent
la création
d'un établissement
colonial
à Sainte-Marie.

Expédition
destinée
pour Sainte-Marie.

---

[1] Indépendamment de ces 480,000 francs, les Chambres accordèrent en 1820 une somme de 80,000 francs, pour *Service ordinaire à Madagascar. Rapport au ministre de la marine, du 28 décembre 1820.*

[2] *Rapport au ministre de la marine et décision ministérielle, du 28 décembre 1820.*

[3] Le commandant particulier, un ingénieur militaire, deux officiers de santé, un secrétaire-greffier, un garde-magasin, un commis aux écritures, un mécanicien, un arpenteur en même temps instituteur, un jardinier-botaniste, un interprète, un maître de port et un maître charpentier-calfat : total, treize personnes. *Instructions de M. Sylvain Roux, du 15 avril 1821.*

2.

1820 — 1821.

sin, d'hôpital et de batterie flottante, jusqu'au moment où l'on serait en mesure de séjourner à terre avec sécurité; le second, pour entretenir les communications, tant avec les divers points de la grande terre qu'avec l'île Bourbon[1].

M. Sylvain Roux, qui, avant 1811, avait résidé plusieurs années à Tamatave, en qualité d'agent français, qui avait présidé en 1818 à l'exploration de la côte orientale de Madagascar, et qui, d'ailleurs, était lié d'amitié avec Jean René, l'un des chefs les plus influents de l'île, se trouvait naturellement désigné pour diriger une entreprise dont il avait, conjointement avec M. Forestier, suggéré la première idée, et dont il n'avait cessé depuis lors de poursuivre la réalisation[2]. Il fut donc nommé chef de l'expédition, avec le titre de commandant particulier des établissements français à Madagascar, mais placé sous la surveillance et sous les ordres du gouverneur de Bourbon[3].

Les instructions que le ministre de la marine remit à M. Sylvain Roux, avant son départ[4], furent concertées avec la commission présidée par M. Forestier[5]; elles firent connaître au chef de l'expédition que l'objet que le gouvernement se proposait, était :

« D'assurer la possession du port de Tintingue à la France ;

« De n'y entretenir d'abord qu'un simple poste ;

« De s'établir solidement à Sainte-Marie, et de créer dans

---

[1] *Rapport au ministre de la marine et décision ministérielle, du 28 décembre 1820.*

[2] *Ibidem.*

[3] *Ibidem.*

[4] *Instructions du 15 avril 1821.*

[5] *Lettre du ministre de la marine à M. Forestier, du 15 février 1821, et rapport de ce dernier au ministre de la marine, du 7 mars 1821.*

cette île des cultures libres, à l'aide des colons militaires qui y étaient transportés, et des noirs travailleurs qui seraient, ou loués aux chefs madécasses ou achetés d'eux, et, dans ce dernier cas, déclarés libres immédiatement, moyennant un engagement temporaire de leurs services ;

« D'encourager la culture des denrées dites coloniales, par les indigènes, soit qu'ils s'y livrassent pour leur propre compte, soit qu'ils consentissent à s'en occuper pour le compte des colons français, sous la condition de salaires convenus ;

« D'attirer par la suite à Sainte-Marie, et d'y installer utilement, selon qu'il y aurait lieu, non-seulement le trop plein de la population libre de Bourbon, mais encore tous autres immigrants qu'il serait reconnu utile d'y appeler ;

« De n'opérer dans les cultures que graduellement, de proche en proche, et lorsqu'on serait en mesure de le faire sans danger ;

« Et cependant d'entretenir et d'étendre le commerce, déjà existant à Madagascar, en blé, riz, bestiaux, bois, etc., et autres productions de l'intérieur (peu connues encore), et qui pouvaient ajouter aux moyens d'échange ; et d'inspirer de plus en plus aux naturels le goût des objets provenant de notre sol et de notre industrie ;

« De nous concilier, par une conduite juste, bienveillante, habile, ferme, l'estime, la confiance et l'amitié des indigènes, seuls gages solides du succès de l'établissement projeté ; de nous insinuer graduellement dans le territoire et dans la population par des conventions de gré à gré mutuellement avantageuses, par des mariages avec les filles du pays, et par la fusion des intérêts réciproques. »

Les mêmes instructions prescrivirent formellement l'obser-

1821.

vation rigoureuse des dispositions répressives de la traite des noirs;

Elles autorisèrent le commandant particulier à consolider par quelques légers sacrifices les acquisitions litigieuses, pour peu qu'il y eût contestation sur les droits de possession anciennement acquis à la France, plutôt que de laisser la moindre incertitude sur la légitimité de nos droits;

Enfin, elles lui recommandèrent d'user d'une grande circonspection dans ses rapports avec les Anglais qui fréquenteraient Madagascar, mais d'employer tous les moyens que permettrait la prudence pour empêcher qu'ils n'exerçassent sur les chefs malgaches une influence nuisible à nos intérêts.

Politique des Anglais à l'égard de Madagascar.

Cette dernière recommandation était particulièrement motivée par la conduite que le gouverneur de l'île Maurice avait tenue durant les dernières années. Du moment où la France avait paru tourner ses vues sur Madagascar, M. Farquhar s'était occupé de les traverser. Dès 1817, il avait envoyé avec pompe une ambassade à Radama, roi des Ovas, prince le plus puissant de l'intérieur de l'île, exerçant déjà une sorte de souveraineté sur toute la partie orientale, et prétendant à celle de l'île entière[1]. Des présents considérables avaient été remis à ce prince pour le faire revenir de la prédilection qu'il avait

[1] Radama était devenu roi des Ovas en 1813, à l'âge de 22 ans. Né avec un caractère ferme, actif, ambitieux, il déclara aussitôt la guerre à ses voisins, et en moins de quatre ans ses conquêtes s'étendirent jusque sur les bords de la mer. Le 5 juillet 1817, il fit son entrée à Tamatave, à la tête de 30,000 soldats, et il y contracta une alliance fraternelle avec Jean René, contre lequel un malentendu l'avait fait marcher avec cette nombreuse armée. Tous les traitants français qui se trouvaient à Tamatave reçurent de lui des témoignages marqués de bienveillance et d'amitié, ce qui détermina les Anglais à

jusqu'alors montrée pour les Français[1]. Le gouverneur de Maurice n'avait point non plus oublié Jean René, qui commandait une partie de la côte sous la protection de Radama; il l'avait comblé de prévenances et de présents. Dès lors, ces deux chefs avaient été gagnés à l'Angleterre. Deux traités, dont l'abolition du commerce des esclaves était le motif apparent, avaient été conclus entre M. Farquhar et Radama, le 23 octobre 1817 et le 11 octobre 1820, et les stipulations en avaient été ratifiées par le gouvernement britannique. Radama avait été reconnu, dans ces actes, roi de Madagascar et de ses dépendances. Il s'était engagé à faire cesser le commerce des esclaves dans tous les pays soumis à sa domination ou à son influence, et le gouverneur de Maurice avait, de son côté, pris l'engagement de lui remettre annuellement une somme de deux mille dollars, ainsi qu'une certaine quantité de poudre de guerre, d'armes, d'habillements et d'équipements militaires, et de munitions de différentes espèces [2]; il avait, en outre, envoyé à Radama des instructions et des agents pour organiser ses troupes, et pour le diriger dans ses relations;

redoubler d'efforts pour nous aliéner le souverain des Ovas. *Mémoire de M. Achille Bédier, ordonnateur à Bourbon, du 10 janvier 1834.*

[1] *Lettre de Radama à M. Farquhar, du 11 octobre 1820* (imprimée à Londres, en 1832, dans l'appendice du 16me rapport annuel des directeurs de *l'African Institution*). Par cette lettre, Radama annonçait à M. Farquhar l'arrivée à Tananarivo ou Emirne, sa capitale, de M. Hastey, agent du gouvernement anglais, et le remerciait de l'envoi d'un service complet de vaisselle plate, à lui remis par M. Hastey, de la part du gouverneur de Maurice.

[2] D'après un rapport présenté à la chambre des communes le 10 juillet 1828, les dépenses relatives à Madagascar, faites par le gouvernement de Maurice de 1813 à 1826, se sont élevées à 64,278 livres sterling (1,549,099f 80c). C'est en 1816 et 1817, et de 1821 à 1826 c'est-à-dire

1821.

—

Départ
de l'expédition
destinée
our Madagascar.

——

Son arrivée
à Sainte-Marie.

——

enfin il avait établi à sa cour un résident anglais, qui l'accompagnait en tous lieux [1].

Les instructions de M. Sylvain Roux insistèrent donc particulièrement sur la nécessité de cultiver par tous les moyens possibles les bonnes dispositions que Radama et Jean René paraissaient conserver à l'égard des Français malgré les efforts de la politique anglaise.

Quant au régime intérieur de l'établissement, rien n'avait été négligé par le département de la marine pour qu'il fût satisfaisant. La conservation de la santé des hommes composant l'expédition avait été surtout l'objet de sa prévoyance. On avait prévu le cas où l'insalubrité contestée de l'île Sainte-Marie serait, après une expérience suffisante, reconnue telle que les colons ne pussent la supporter : le commandant particulier des établissements de Madagascar avait ordre alors de s'entendre avec le gouvernement de Bourbon pour la translation de la colonie sur un autre point [2].

L'expédition, retardée par la nécessité où l'on fut d'attendre que le fonds de 420,000 francs qui devait y être affecté fût voté par les Chambres, ne partit de Brest que le 7 juin 1821, et arriva à Sainte-Marie sur la fin du mois d'octobre de la même année [3]. Elle fut bien accueillie par les indigènes, de

lorsque M. Farquhar réussit à gagner Radama, et après que nous eûmes repris possession de Sainte-Marie, que la plus grande partie de ces dépenses ont eu lieu. *Asiatic Journal, numéro de mars 1829, page 369; mémoire de M. Achille Bédier, du 10 janvier 1834.*

[1] *Lettre précitée de Radama à M. Farquhar, du 11 octobre 1820; lettre de M. Milius, du 26 novembre 1820; lettre de M. de Freycinet, du 16 avril 1821.*

[2] *Instructions de M. Sylvain Roux, du 15 avril 1821.*

[3] *Lettres de M. de Freycinet, des 10 et 26 novembre 1821.* Le jeune Man-

1821.— 1822.

qui l'on obtint immédiatement, moyennant un prix réglé à l'amiable, la concession de trois villages. Les cases n'étant point habitables pour des blancs, et le projet étant d'ailleurs de s'établir d'abord sur un îlot séparé situé à l'entrée de la baie, et connu sous le nom d'Ilot-Madame, on se contenta de déposer dans les villages acquis une partie du matériel, et l'on s'occupa des travaux de terrassement et de construction à faire dans l'îlot[1].

Premiers travaux entrepris.

Ces travaux continuèrent sans interruption jusqu'à la fin de décembre. C'était l'époque où commençait la saison de l'hivernage, et sa pernicieuse influence ne tarda pas à se faire sentir. Dans les premiers jours de janvier 1822, un grand nombre de maladies se déclarèrent parmi les ouvriers militaires et les équipages des bâtiments[2]; et comme il n'avait point encore été possible de construire un hôpital à terre, il fallut soigner les malades à bord de la gabare *la Normande*. Le défaut d'espace et d'air y accrut les progrès du mal. Les officiers de santé, qui n'étaient point acclimatés, en éprouvèrent bientôt à leur tour les atteintes; et à la fin du mois de janvier 1822, il ne restait plus sur pied qu'un petit nombre de marins et d'ouvriers et un seul enseigne de vaisseau. M. Syl-

Maladies causées par l'influence de l'hivernage.

di-Tsara, fils du chef de Tintingue, dont on craignait que la santé ne souffrît d'une plus longue résidence en Europe, partit avec M. Sylvain Roux, pour être rendu à sa famille. Quant au jeune Berora, il resta à Paris, où son éducation fut continuée aux frais de l'État. Il y est mort en 1831.

[1] *Lettre de M. de Freycinet, du 14 décembre 1821.*

[2] La fièvre tierce et la fièvre pernicieuse intermittente, l'adynamie, l'ataxie, la nostalgie, la phlegmasie et la phtisie pulmonaire, la phlegmasie abdominale, la dyssenterie et l'escare gangreneuse, telles furent les maladies qui attaquèrent les hommes de l'expédition. *Rapports de M. Marquis, médecin en chef de Sainte-Marie, des 2 janvier et 1er mars 1822.*

1821 — 1822.

Travaux exécutés
sur
l'Ilot-Madame.

vain Roux fut frappé lui-même par la maladie et ne se rétablit qu'avec peine [1].

Les travaux, que l'invasion des maladies avait fait suspendre, furent repris dès que la situation sanitaire de l'établissement le permit. On les poussa avec activité, au moyen d'une centaine de noirs engagés, que le commandant particulier de Sainte-Marie s'était procurés. Le terrain de l'Ilot-Madame a environ un hectare et un quart de superficie; on y établit en peu de temps deux hôpitaux, deux casernes, et divers autres bâtiments pour loger le personnel et pour servir de magasins, d'ateliers et de boulangerie [2].

Un
bâtiment de guerre
anglais
se présente
sur
la rade
de Sainte-Marie.

Un mois après l'installation de l'expédition à Sainte-Marie, un bâtiment de guerre anglais avait paru sur la rade de cette île pour demander, au nom des autorités anglaises du cap de Bonne-Espérance et de Maurice, à quel titre les Français étaient venus à Sainte-Marie, et quels étaient leurs projets futurs sur Madagascar [3]. M. Sylvain Roux avait répondu [4] qu'il agissait en vertu des ordres du Roi de France; qu'il avait informé de sa mission le gouverneur du cap de Bonne-Espérance, lors de sa relâche dans cette colonie; que, du reste, il ne se croyait

Réponse
de M. Sylvain Roux
aux
questions
du
commandant
de ce bâtiment.

point obligé de faire connaître les lieux de la côte où il pourrait lui convenir d'établir ses postes; que tout le littoral oriental appartenait à la France, et qu'il protestait d'avance contre toute atteinte qui serait portée à son droit de propriété.

Cet événement donna lieu à quelques explications entre le

---

[1] *Lettres de M. de Freycinet, des 25 janvier, 10 février et 20 mars 1822.*

[2] *Lettre du même, du 11 septembre 1822, et pièces y annexées.*

[3] *Lettre écrite à M. Sylvain Roux, le 23 novembre 1821, par le capitaine Moresby, commandant de la corvette anglaise le Menaï.*

[4] *Lettre du 23 novembre 1821 jointe à une lettre de M. de Freycinet, du 13 décembre 1821.*

gouverneur de Bourbon et le gouverneur de Maurice. Ce dernier en profita pour déclarer :

Premièrement, qu'il ne considérait Madagascar que comme une puissance indépendante, actuellement unie avec le roi d'Angleterre par des traités d'alliance et d'amitié, et sur le territoire de laquelle aucune nation n'avait de droits de propriété, hors ceux que cette puissance serait disposée à admettre.

Secondement, qu'il avait été notifié par cette même puissance, au gouvernement de Maurice et au commandant des forces navales britanniques dans ces mers, qu'elle ne reconnaissait de droits de propriété sur le territoire de Madagascar à aucune nation européenne[1].

La doctrine établie par cette déclaration différait étrangement de celle que le même gouverneur avait professée lorsque, considérant l'Angleterre comme substituée aux droits de la France sur Madagascar par la cession de l'île Maurice et de ses dépendances, il avait, en 1816, prétendu, au nom de son gouvernement, à la propriété et à la souveraineté de nos anciennes possessions de Madagascar.

Quoi qu'il en soit, cette même déclaration et la conduite ultérieure des Anglais en ces parages ne purent laisser aux commandants de Bourbon et de Sainte-Marie aucun doute sur les mauvaises dispositions du gouvernement de Maurice, et sur les obstacles qu'apporterait à nos projets l'influence qu'il exerçait auprès des deux principaux chefs du pays.

Dans la vue sans doute de lutter contre cette influence, le commandant de Sainte-Marie reçut, le 20 mars 1822, une

1822.

—

Déclaration
du
gouverneur anglais
de l'île Maurice,
relativement
à Madagascar.

—

Les princes
et autres chefs
du

[1] *Lettre de M. Farquhar à M. de Freycinet, du 20 janvier 1822, jointe à une lettre de ce dernier, du 13 février suivant.*

1822.

—

pays de Tanibey
se
reconnaissent
vassaux
de la France.

—

déclaration d'obédience et de vassalité de la part de douze princes et chefs de la contrée de Tanibey[1] : par cet acte, les chefs malgaches se soumirent à la domination de la France, s'engagèrent à défendre ses intérêts contre toute nation européenne, malgache ou autre, et promirent de ne contracter aucune alliance sans son consentement[2].

Ces manifestations, soit qu'elles eussent été provoquées, soit qu'elles fussent l'effet d'une résolution spontanée des chefs madécasses, comme M. Sylvain Roux le prétendit, étaient au moins intempestives, en ce que nous n'avions nul moyen de soutenir les nouveaux droits qu'elles nous attribuaient, et qu'il n'était point douteux que ces droits nous seraient disputés par Radama, que les Anglais ne cessaient d'encourager dans ses prétentions à la souveraineté de toute l'île.

Proclamation
de Radama,
roi des Ovas.

—

En effet, dès le 13 avril 1822, ce prince fit publier, sur la côte orientale de Madagascar, une proclamation qui déclarait nulle toute cession de territoire qu'il n'aurait pas ratifiée[3] ; et, afin de montrer qu'il était disposé à appuyer cette arrogante prétention par la force, il envoya sur la même côte un corps de trois mille soldats ovas. Ces soldats, que commandait un de ses lieutenants nommé Raffaralahé, étaient accompagnés de M. Hastey, agent britannique accrédité près de Radama, d'un officier du génie anglais et de quelques autres

Trois mille soldats
ovas
sont envoyés
sur
la côte orientale
de
Madagascar.

—

---

[1] Cette contrée s'étend depuis la baie d'Antongil, au nord-est de Madagascar, jusqu'au pays de Fénérif, vers le sud. Elle est habitée par les Betsiminsaracs. Le roi Tsifanin, grand père du jeune Mandi-Tsara, ramené de France à Madagascar par M. Sylvain Roux, profita de cette circonstance pour abdiquer en faveur de ce jeune prince. *Lettre de M. de Freycinet, du 26 juin 1822.*

[2] *Lettre de M. de Freycinet, du 26 juin 1822, et pièces y annexées.*

[3] *Lettre de M. de Freycinet, du 26 juin 1822, et pièces y annexées.*

militaires de la même nation. Sur la fin de juin 1822, ils s'emparèrent de Foulpointe, ancien chef-lieu des établissements français de Madagascar, et assirent leur camp près de la pierre même qui constatait les droits de la France [1].

Cette invasion donna lieu, le 7 juillet suivant, à une nouvelle réunion des chefs du pays de Tanibey. Ils reconnurent une seconde fois les anciens droits de la France sur leur pays, renouvelèrent la déclaration de vasselage faite par eux le 20 mars précédent, et députèrent en même temps vers le commandant des Ovas, à Foulpointe, pour lui notifier que, s'étant soumis à la France, ils ne reconnaîtraient point d'autre domination. M. Sylvain Roux n'en fut pas moins obligé de souffrir patiemment l'établissement militaire des Ovas sur la côte : il n'y avait alors à Sainte-Marie aucun bâtiment de guerre; et, d'un autre côté, on ne pouvait attaquer les Ovas avec les débris de l'expédition, réduite à un petit nombre d'hommes affaiblis et découragés [2].

M. Sylvain Roux s'empressa d'informer de cet état de choses le gouverneur de Bourbon : celui-ci jugea que, dans la situation précaire où se trouvait l'établissement de Sainte-Marie, et même dans l'intérêt des vues ultérieures de la France, il importait de ne pas prendre l'initiative des hostilités. Il écrivit dans ce sens à M. Sylvain Roux, et se borna à lui envoyer quelques bâtiments armés destinés à veiller à la sûreté de l'établissement, et à coopérer à sa défense en cas d'agression [3].

---

[1] *Lettre de M. de Freycinet, du 11 septembre 1822, et pièces y annexées.*

[2] *Correspondance de M. de Freycinet, de septembre à décembre 1822.*

[3] *Lettre de M. de Freycinet à M. Sylvain Roux, du 9 septembre 1822.*

1822 — 1823.

Les Ovas, de leur côté, restèrent stationnés à Foulpointe; et l'année 1822 s'acheva sans aucun mouvement nouveau de leur part, et sans événement de quelque importance pour Sainte-Marie[1].

Révocation de M. Sylvain Roux.

Cependant M. de Freycinet avait plusieurs fois témoigné, dans sa correspondance avec le département de la marine, les inquiétudes que lui donnaient le peu de capacité de M. Sylvain Roux, son esprit aventureux et le désordre de son administration intérieure. La révocation de cet agent fut en conséquence prononcée[2]. En notifiant cette décision à M. de Freycinet, le ministre de la marine[3] le chargea de prendre la direction ultérieure de la colonisation de Madagascar, l'autorisant à adopter les mesures que, dans sa prudence, il jugerait les plus conformes aux véritables intérêts de la France[4].

Sa mort.

M. Sylvain Roux, atteint de nouveau des fièvres du pays, avait cessé de vivre lorsque les ordres du ministre parvinrent à Bourbon[5]. M. de Freycinet nomma, pour le remplacer, M. Blévec, capitaine du génie, déjà attaché à la colonie de Sainte-Marie[6].

M. Blevec le remplace.

---

1 Pendant les six derniers mois de 1822, sur un personnel de 102 blancs (y compris les équipages de *la Normande* et de *la Bacchante*), le nombre des malades fut, terme moyen, de 80 par mois, et le nombre des morts de deux seulement. Pendant les trois premiers mois de 1823, c'est-à-dire pendant la saison de l'hivernage, le nombre des malades s'accrut encore; mais deux hommes seulement succombèrent.

2 *Rapport au Roi, du 4 décembre 1822.*

3 M. le marquis de Clermont-Tonnerre, qui remplit les fonctions de ministre de la marine du 14 décembre 1821 au 3 août 1824. Du 19 septembre 1822 au 1er août 1823, celles de directeur de l'administration des colonies furent exercées *ad interim* par M. le conseiller d'état Boursaint.

4 *Dépêche ministérielle du 15 décembre 1822.*

5 M. Sylvain Roux succomba le 2 avril 1823.

6 *Lettre de M. de Freycinet, du 29 avril 1823.*

Le nouveau commandant de Sainte-Marie ne tarda pas à être informé que Radama se proposait de se rendre prochainement lui-même à Foulpointe, avec des forces considérables. Il prévit que, si les Ovas se présentaient hostilement à Tintingue et à la Pointe-à-Larrée, il lui serait impossible, avec le peu de monde dont il pouvait disposer, de défendre ces deux postes. Il se borna donc à faire les dispositions nécessaires pour la défense de l'établissement de Sainte-Marie.

Radama arriva en effet à Foulpointe dans le mois de juillet 1823 ; et, vers la fin de ce mois, des troupes ovas se rendirent à la Pointe-à-Larrée, qui est située vis-à-vis de Sainte-Marie, incendièrent les villages de Fondaraze et de Tintingue, pillèrent tout sur leur passage, et enlevèrent même un troupeau de bœufs que l'administration de Sainte-Marie avait laissé en dépôt à la Pointe-à-Larrée[1].

M. Blévec jugea qu'il ne pouvait passer de telles déprédations sous silence. Il protesta solennellement, le 15 août 1823, « contre le prétendu titre de roi de Madagascar, illégitimement pris par le roi des Ovas ; contre toute occupation faite ou à faire des points de la côte orientale dépendant de l'autorité du Roi de France, et contre toutes les concessions qu'on pourrait ou qu'on aurait pu extorquer aux divers chefs malgaches qui s'étaient reconnus vassaux de la France[2]. » Cette protestation fut portée à Radama par le commandant de la goëlette *la Bacchante*, qui eut avec le souverain malgache plusieurs entrevues, dans lesquelles Jean René servit d'interprète.

1823.

M. Blévec
met Sainte-Marie
en état
de défense
contre les Ovas.

Radama
se présente
à Foulpointe.

Ses troupes
brûlent
deux villages.

Protestation
de
M. Blévec
contre
les prétentions
de Radama.

[1] *Lettre de M. de Freycinet, du 17 septembre 1823, et pièces y annexées.*

[2] *Protestation du commandant particulier des établissements français à Madagascar, du 15 août 1823.*

1823 — 1824.

Réponse
de Radama
à
cette protestation.

Le résultat des explications verbales données par Radama fut « qu'il reconnaissait comme appartenant en toute propriété à la France l'île de Sainte-Marie, vendue autrefois à cette puissance par les naturels; mais qu'il ne reconnaissait, ni à la France, ni à aucune autre puissance étrangère, des droits à la possession d'aucune partie de la grande île de Madagascar; qu'il permettait seulement aux étrangers de toute nation de venir s'y établir, en se soumettant aux lois de son royaume; et qu'à l'égard du titre de roi de Madagascar, il le prenait parce qu'il était le seul dans l'île qui fût capable de le soutenir [1]. »

Radama
quitte la côte
et se dirige
vers le nord
de Madagascar.

Vers le milieu du mois de septembre, Radama, après avoir adressé à M. Blevec un manifeste rédigé dans le sens de ce qui précède, sembla un moment vouloir attaquer Sainte-Marie; mais il n'exécuta point ce dessein, et se dirigea bientôt vers le nord de l'île avec quinze mille hommes de troupes, pour aller châtier, disait-il, les naturels qui avaient levé l'étendard de la révolte. Il laissa néanmoins des détachements ovas plus ou moins forts sur divers points de la côte orientale, et Foulpointe continua d'être occupée par ses soldats [2].

Les travaux
sont repris
à Sainte-Marie.

Dès que, par l'effet du départ de l'armée de Radama, le pays eut recouvré quelque tranquillité, les travaux de défense militaire, d'utilité publique et de culture furent repris à Sainte-Marie.

Personnel
de
cet établissement.

Au commencement de l'année 1824, le personnel attaché au service de l'établissement se composait de soixante-treize

---

1 *Lettre de M. Thoreau de Molitard, commandant de la Bacchante, à M. Blevec, du 23 août 1823.*

2 *Lettre de M. de Freycinet, du 20 octobre 1823, et pièces y annexées.*

blancs[1] et de cent quatre-vingt-deux noirs, engagés par l'administration locale[2]. Un certain nombre de ces noirs, organi-
sés militairement par M. Blevec lors de l'irruption de Radama
sur la côte, étaient alternativement occupés aux travaux publics et à ceux de la culture. Indépendamment des colons
amenés de France par M. Sylvain Roux et devenus proprié-
taires, plusieurs traitants, précédemment fixés à Madagascar,
avaient formé des établissements à Sainte-Marie, et ils avaient
pris aussi à leur service une centaine de noirs engagés[3].

Les maladies qui, chaque année, avaient marqué le retour
de l'hivernage[4], jointes aux travaux de défense et au service
militaire qu'avaient nécessités les invasions dont l'île s'était vue
menacée, avaient beaucoup nui au développement de l'agriculture. Cependant on comptait à Sainte-Marie, dans les premiers mois de 1824, cinq habitations, dont une appartenant
au gouvernement et une autre à MM. Albrand et Carayon,
qui s'étaient établis dans l'île plus de deux années avant l'ar-

1824.

Habitation
existantes
à Sainte-Marie.

---

[1]

1	commandant particulier,
7	officiers et employés civils,
26	ouvriers militaires de la marine,
16	hommes de l'équipage de la *Normande,*
23	*idem* de la *Bacchante.*

Total. 73

[2] 85 hommes, 37 femmes et 60 enfants.

[3] *Lettre de M. de Freycinet, du 20 mars 1824; Rapport de M. de la Villehuet, capitaine de frégate, du 24 mai 1824.*

[4] Pendant l'hivernage de 1823 à 1824, les trois cinquièmes des Européens résidant à Sainte-Marie furent à peu près constamment retenus à
l'hôpital. On ne perdit néanmoins que deux personnes.

rivée de l'expédition. La première contenait trente mille pieds de cafiers et quelques cotonniers, et l'on y avait planté en manioc une étendue considérable de terrain. Dans l'autre, les plantations se composaient de quarante mille pieds de ca- fiers, et de soixante mille autres pieds en pépinière; de trente mille pieds de girofliers, et d'un verger réunissant tous les arbres fruitiers des colonies. On ne comptait toutefois sur une récolte de quelque importance qu'en 1825 ou 1826 [1].

Un séjour non interrompu de près de cinq années à Sainte- Marie avait mis MM. Albrand et Carayon a portée d'acquérir une connaissance exacte des ressources naturelles de cette île. Suivant eux, le sol y était en général de mauvaise qualité, à l'exception d'une zone étroite qui se trouvait au milieu de l'île et qui formait environ le cinquième de la totalité de sa superficie. C'était la seule portion du territoire que les natu- rels cultivassent régulièrement, et elle leur appartenait en propre. Il n'était guère possible d'y former plus de quinze à vingt habitations. La chaleur et l'humidité du climat paraissaient très-favorables à toutes les cultures coloniales, excepté peut- être à celle du cotonnier. D'après la nature du terrain, on avait lieu de présumer que le sol contenait des mines de fer; dans tous les cas, on y trouvait en abondance les matériaux propres aux constructions, tels que pierres, chaux, terre à briques, etc. Sainte-Marie était d'ailleurs avantageusement placée pour la pêche de la baleine, dont les naturels faisaient leur principale occupation, et son port était de bonne tenue [2].

D'après un tel état de choses, il n'était guère permis sans doute d'espérer que le noyau d'établissement qui existait dans

---

[1] *Mémoire de M. Carayon, du 24 février 1824.*

[2] *Mémoire de MM. Carayon et Albrand, du 24 février 1824.*

l'île pût acquérir par la suite quelque importance sous le rapport de l'agriculture ; d'un autre côté, la situation politique du pays interdisait de songer alors à coloniser Tintingue. Cependant la possession de Sainte-Marie donnait les moyens de se porter sur la grande terre dès que les circonstances se montreraient plus favorables, et, en attendant, elle nous mettait à même de protéger les comptoirs d'escale que l'on jugerait utile d'y établir ; elle pouvait d'ailleurs servir d'entrepôt, soit pour le commerce de la France et de Bourbon, soit pour l'approvisionnement de cette dernière colonie en riz et en bestiaux. Bientôt, grâce à l'activité imprimée aux travaux, Sainte-Marie allait se trouver pourvue d'un quai de carénage, et c'était un grand avantage en perspective que d'avoir les moyens de réparer nos bâtiments sans recourir aux chantiers de l'île Maurice [1].

Ces considérations déterminèrent le département de la marine [2] à ne point renoncer au projet de coloniser Sainte-Marie, malgré les difficultés que son exécution avait jusqu'alors rencontrées et qu'elle devait vraisemblablement rencontrer encore. Le conseil d'amirauté, consulté, émit un avis en ce sens. Il proposa même l'augmentation successive jusqu'à mille du nombre des noirs engagés par l'administration locale, et leur répartition en deux compagnies commandées par des blancs, l'une de pionniers, l'autre d'ouvriers militaires,

1824 — 1825.

Le projet-
de colonisation
est maintenu.

---

[1] *Note soumise au ministre de la marine le 26 février 1825.*

[2] Le 4 août 1824, M. le comte de Chabrol remplaça au ministère de la marine M. le marquis de Clermont-Tonnerre, et conserva le portefeuille de ce département jusqu'au 2 mars 1828. Du 1er août 1823 au 5 août 1824, la place de directeur de l'administration des colonies fut remplie par M. le baron de Crouseilhes, maître des requêtes, et du 5 août 1824 au 10 février 1826, par M. le baron de Lareinty, conseiller d'état.

3.

1825.

pour l'exécution des travaux publics et la défense de l'île[1]. Ces propositions furent adoptées en partie par le ministre de la marine, qui, pour mieux assurer encore la sûreté de l'établissement, destina deux bâtiments armés en guerre à stationner sur les côte de l'île[2].

Dispositions hostiles de Radama à l'égard des Français.

Radama, quoique éloigné de Sainte-Marie, ne cessait de chercher l'occasion d'agir hostilement à notre égard. S'il existait à Madagascar un point dont la possession nous fût légitimement acquise, c'était assurément le Fort-Dauphin. Il était donc difficile de penser que Radama pût songer à envahir une contrée où jamais un Ova n'avait paru, et avec laquelle ce prince n'avait même eu à aucune époque la moindre communication. On était d'autant plus fondé à repousser cette pensée, qu'il avait souvent répété lui-même qu'il ne se serait point établi à Foulpointe, s'il eût trouvé ce point occupé par les Français[3].

Un corps de troupes ovas se présente devant le Fort-Dauphin.

Cependant, vers la fin du mois de février 1825, un corps de troupes ovas d'environ quatre mille hommes, sous la conduite de Ramananoulouna, vint camper à peu de distance du Fort-Dauphin, alors occupé par un poste français composé d'un officier et de cinq soldats. Le général des Ovas notifia à l'officier français qu'il était envoyé par Radama pour prendre possession du Fort-Dauphin. Cette prétention ayant été repoussée, il fut convenu entre les deux chefs qu'aucun acte d'hostilité n'aurait lieu pendant deux mois, afin de laisser à l'officier français le temps de recevoir des ordres du gouverneur de Bourbon. Mais, au mépris de cette convention, les Ovas, profitant des facilités que leur donnait l'armistice,

---

[1] *Procès-verbal de la séance du conseil d'amirauté, du 26 mars 1825.*

[2] *Dépêche ministérielle du 27 janvier 1825.*

[3] *Rapport au conseil privé de Bourbon, du 12 juillet 1828.*

se portèrent le 14 mars 1825 sur le fort et y entrèrent de vive force. Le pavillon français fut arraché et remplacé par celui de Radama. L'officier et les cinq soldats furent faits prisonniers; mais on les remit presque aussitôt en liberté, en leur rendant tout ce qui leur appartenait [1].

M. de Freycinet ne se dissimula point la gravité de cet événement; il crut toutefois devoir s'abstenir d'une vengeance qu'il considéra comme devant être sans utilité, d'après le peu de forces dont il pouvait disposer. Il lui parut d'ailleurs qu'il fallait temporiser jusqu'à ce que le gouvernement de la métropole lui eût fait connaître ses intentions. Il se borna donc à envoyer chercher le détachement français, qui s'était réfugié à Sainte-Luce [2].

L'influence anglaise, qui, dans l'opinion de M. de Freycinet, avait déterminé l'agression du Fort-Dauphin par les Ovas, ne tarda pas à se montrer plus ouvertement et d'une manière fort préjudiciable à nos intérêts.

Par un décret publié officiellement dans la gazette de Maurice, le 18 juin 1825, Radama permit l'entrée de tous les navires anglais dans les ports de Madagascar, moyennant un droit de 5 pour 100 sur la valeur des marchandises, et il autorisa les Anglais à résider dans l'île, à y commercer, à y construire des navires, à y bâtir des maisons et à y cultiver des terres. M. de Freycinet ne doutait point que Radama, qui n'avait pas fait sans quelque crainte sa première irruption à Foulpointe, ne consentît, si on le réclamait, à nous appliquer les dispositions de ce décret, et s'abstînt d'inquiéter les Français qui s'établiraient individuellement à Madagascar; mais, dans l'état

---

[1] *Lettre de M. de Freycinet, du 31 mars 1825.*
[2] *Ibidem.*

des choses, la mesure prise par le roi des Ovas lui paraissait une nouvelle manifestation du refus qu'il faisait de reconnaître nos droits, et il la considérait, non-seulement comme donnant aux Anglais la faculté de disposer en maîtres des ports de l'île, mais comme devant encore leur procurer pour l'avenir les moyens de mettre obstacle aux vues de la France sur Madagascar[1].

Quoi qu'il en fût, de nouveaux événements vinrent bientôt compliquer la situation politique de l'île. Deux soulèvements y éclatèrent au mois de juillet 1825 contre les Ovas : l'un dans la province des Betsiminsaracs, du côté de Foulpointe ; l'autre dans la province d'Anossy, du côté du Fort-Dauphin.

Le commandant de Sainte-Marie ne fut point étranger au premier ; les Ovas ne l'ignorèrent pas. Ce commandant avait depuis longtemps mis tous ses soins à exciter l'esprit de mécontentement qui régnait parmi les indigènes, et au moment de la révolte il leur fournit de la poudre de guerre et reçut dans l'île quelques prisonniers ovas. L'insurrection fut promptement

réprimée dans la province des Betsiminsaracs par les troupes de Radama, et le brave Tsifanin, notre plus fidèle allié, y perdit la vie. Le gouverneur de Bourbon blâma le commandant de Sainte-Marie de s'être avancé dans cette circonstance, puisqu'il n'avait pas les moyens de soutenir efficacement les indigènes. Du reste, les Anglais, de leur côté, avaient pris une part plus active encore à l'événement. Un de leurs bâtiments avait servi au transport des troupes ovas sur divers points de la côte, et leur agent Hastey, débarqué à la Pointe-à-Larrée, à la tête d'une troupe d'Ovas, avait puissamment

---

[1] *Lettre de M. de Freycinet, du 14 juillet 1825.*

contribué à replacer le pays des Betsiminsaracs sous l'obéissance de Radama[1].

Les habitants de la province d'Anossy, renforcés par leurs voisins les Antavartes, s'étaient réunis au nombre de dix mille hommes et avaient également pris les armes pour secouer le joug des Ovas; mais comme ils agissaient aussi en ennemis à l'égard des blancs, les traitants français établis sur la côte avaient été forcés de se réfugier à Bourbon avec leurs familles et leurs esclaves. Le général ova Ramananoulouna, le même qui, après s'être emparé du Fort-Dauphin, occupait ce poste avec seize à dix-huit cents hommes, envoya contre les insurgés un détachement de cinq cents hommes, qui les mit en déroute après un court combat. Toutefois, les vainqueurs s'étant engagés dans les bois à la poursuite des fuyards, y furent bientôt accablés par le nombre, et périrent tous.

Après avoir obtenu dans leur défaite ce faible avantage, les insurgés se montrèrent avec plus de confiance et finirent par cerner les Ovas, qui s'étaient retranchés au nombre de mille à douze cents sur le plateau du Fort-Dauphin. Cette situation était critique, et, pour en sortir, Ramananoulouna ne vit d'autre moyen que de s'adresser au gouverneur de Bourbon. Il lui écrivit pour le prier de faire parvenir à Tamatave deux paquets destinés, l'un à Radama, l'autre à Jean René[2].

Cette démarche plaça M. de Freycinet dans une position délicate. L'occasion était favorable pour rentrer en possession du Fort-Dauphin. Il suffisait d'envoyer un bâtiment de guerre sur les lieux pour exterminer les troupes qui l'occupaient :

___

[1] *Lettre de M. de Freycinet, du 19 septembre 1825; rapport de MM. Jurien et Bédier au conseil privé de Bourbon, du 12 juillet 1828.*

[2] *Lettre de M. de Freycinet, du 19 septembre 1825.*

1825 — 1826.

mais ce coup de main n'eût eu d'autre résultat que la reprise momentanée de notre ancien poste, car le gouverneur de Bourbon n'avait point de forces disponibles pour continuer la guerre. Or un tel succès, demeurant isolé, ne pouvait porter atteinte à la puissance de Radama, et il fermait la voie à toute conciliation ; tandis qu'un acte de générosité pouvait frapper l'esprit du roi malgache. M. de Freycinet répondit donc à la confiance de Ramananoulouna en faisant parvenir les paquets de ce général à Tamatave. Il profita de l'occasion pour écrire à Radama [1]. Après lui avoir rappelé brièvement les actes d'hostilité dont les Français avaient à se plaindre, il lui offrait de désigner, de part et d'autre, une personne de confiance, pour arriver à la conclusion d'un traité d'alliance et d'amitié.

Raffaralahé, chef des troupes ovas à Foulpointe, sur qui la noble conduite du gouverneur de Bourbon dans cette circonstance avait paru faire une grande impression, avait aussi dépêché un courrier à son souverain, pour lui représenter l'importance de s'entendre avec le gouvernement français. Le roi des Ovas répondit à M. de Freycinet le 23 août 1825. Dans cette réponse, dont chaque expression trahissait l'emploi d'une plume anglaise, il reproduisait hautement ses prétentions à la souveraineté exclusive de Madagascar, et terminait en disant qu'il accueillerait honorablement à Tananarivo, sa capitale, une députation solennelle qui lui serait envoyée pour la négociation projetée. M. de Freycinet ne trouva pas qu'il fût convenable d'accéder à une pareille proposition, et l'affaire en resta là [2].

Dans les premiers jours du mois de mars 1826, Jean René vint à mourir. Il avait désigné par testament son neveu Berora

---

[1] *Lettre du 23 juillet 1825.*

[2] *Lettre de M. de Freycinet, du 26 octobre 1825.*

pour lui succéder dans la principauté des Betanimenes. Cette disposition fut confirmée par Radama ; et, en l'absence de Berora, qui suivait ses études à Paris, le titre de prince de Tamatave fut provisoirement donné à Coroller, général au service des Ovas, et proche parent de Jean René. Radama n'en envoya pas moins à Tamatave un autre général dévoué à ses intérêts, qu'il investit du haut commandement de la province ; et les termes d'une lettre qu'il écrivit le 13 avril suivant à M. de Freycinet ne permirent plus de douter de son intention d'établir sa domination sur cette province comme sur tout le reste de Madagascar.[1]

A partir de cette époque, les plus insignes vexations commencèrent à être exercées par les Ovas contre les traitants français, et particulièrement contre ceux de Sainte-Marie. Raffaralahé lui-même, que l'on avait représenté à M. de Freycinet comme favorable à nos compatriotes, leva bientôt le masque. Il refusa de renvoyer à des colons de Sainte-Marie[2] des engagés libérés par l'administration de cette île, et s'étudia à mettre des entraves au commerce de Sainte-Marie avec la grande terre. Il fit dire au commandant de cette île que, si les Français avaient besoin de quelques-unes des denrées que

1826.

Berora
est choisi
pour lui succéder.

Vexations
exercées
par les Ovas
contre les Français.

---

[1] *Lettres de M. de Freycinet, des 9 juin et 16 juillet 1826, et pièces y annexées.*

[2] Vers cette époque (le 11 décembre 1826), M. Albrand, l'un des colons les plus anciens et les plus distingués de Sainte-Marie, succomba à une douloureuse maladie. Sa perte fut vivement sentie. M. Albrand avait une instruction fort étendue et une profonde connaissance du caractère et des usages des naturels. La mortalité avait du reste cessé depuis quelque temps d'être considérable à Sainte-Marie durant la saison de l'hivernage, grâce sans doute à l'acclimatement des Français qui y résidaient et à l'emploi du quinine, dont les malades éprouvaient le plus grand soulagement.

produisait la terre de Radama, ils ne seraient admis à les acheter sur aucun autre point que Foulpointe ou Fenerif, où il avait établi des douanes ; et il ajoutait que si plus tard il jugeait à propos de placer un poste à la Pointe-à-Larrée, il permettrait alors d'y commercer ; mais que, pour le moment, il était défendu aux naturels, sous peine de mort, de conduire un seul bœuf en cet endroit. Radama, toujours soumis à l'influence anglaise, ne tarda pas à mettre le comble à ces mesures vexatoires. Sur la fin de 1826, il établit des droits excessifs à l'entrée et à la sortie des marchandises, et il afferma les produits de ces droits à une maison de commerce de l'île Maurice, en laissant à l'arbitraire des fermiers la fixation du taux des droits[1]. Ce ne fut pas tout : n'osant attaquer l'île Sainte-Marie, bien fortifiée et séparée de la grande terre par un bras de mer, Radama imagina, pour forcer les Français à l'abandonner, de leur ôter les moyens de se procurer les bras nécessaires à l'exécution des travaux publics et à la culture des terres. Il défendit en conséquence, sous peine de mort, aux naturels de la grande terre de vendre un seul esclave au gouvernement ou aux colons de Sainte-Marie[2].

Dès le mois de décembre 1826, le gouverneur de Bourbon, M. le comte de Cheffontaines[3], fit connaître cet état de choses au ministère de la marine[4], en lui exposant les suites

---

[1] *Rapport de M. Blévec au conseil privé de Bourbon, du 9 décembre 1826 ; lettre du gouverneur de Bourbon, du 12 février 1827.*

[2] *Rapport de M. Blévec au conseil privé de Bourbon, du 9 décembre 1826 ; lettre du gouverneur de la colonie, du 22 décembre 1826, et pièces y annexées.*

[3] Il avait succédé à M. de Freycinet le 20 octobre 1826.

[4] Le 16 février 1826, M. Filleau de Saint-Hilaire avait remplacé, dans les fonctions de directeur des colonies, M. de Lareinty, décédé.

fâcheuses du système de temporisation et de condescendance suivi jusqu'alors dans les affaires de Madagascar. Il insista sur la nécessité de prendre enfin un parti décisif à l'égard de l'île Sainte-Marie, qu'il valait mieux, disait-il, abandonner sans retard, si l'on ne se décidait pas à tirer une vengeance éclatante des insultes faites à la nation, et à rétablir notre autorité sur un pied respectable à Madagascar. M. de Cheffontaines, d'accord sur ce point avec le commandant particulier de Sainte-Marie et le conseil privé de Bourbon, pensait que nous ne pouvions reconquérir nos droits et notre influence à Madagascar, et même nous maintenir à Sainte-Marie, qu'en augmentant la garnison de l'île, qui ne se composait alors que d'une compagnie d'artillerie européenne, forte de soixante-dix-huit hommes y compris trois officiers, et de cent quatre-vingt-douze noirs engagés. Il proposait en conséquence d'envoyer à Sainte-Marie une frégate, une corvette et quelques bâtiments légers, avec quatre ou cinq cents hommes de débarquement, et d'augmenter en outre la garnison d'un corps de noirs[1].

L'exécution complète des mesures proposées par l'administration de Bourbon devait donner lieu à des dépenses qui n'avaient pas été prévues, et auxquelles ne pouvaient subvenir, ni le budget du département de la marine, ni celui du département de la guerre, qui pourvoyait alors aux dépenses qu'occasionnaient les garnisons coloniales. Le ministre de la marine pensa que l'on pouvait se dispenser de déployer des forces aussi considérables, et qu'il suffirait de prendre, dans le sens des vues indiquées par le comman-

[1] *Lettre de M. le comte de Cheffontaines, du 22 décembre 1826, et pièces y annexées.*

dant particulier de Sainte-Marie, quelques dispositions de nature à satisfaire aux besoins les plus urgents de l'établissement, sans dépasser les ressources financières que l'on possédait. Il existait au Sénégal, comme à Sainte-Marie, des noirs rachetés par l'administration locale et rendus libres au moment du rachat, moyennant un engagement de quatorze années. M. le comte de Chabrol, après avoir pris les ordres du Roi, chargea le gouverneur du Sénégal de diriger sur Madagascar un détachement de cent cinquante à deux cents soldats noirs, composé de nouveaux engagés, et au besoin de quelques-uns des soldats noirs déjà existants dans le pays. Il fut en outre décidé que ce corps serait complété et recruté par l'envoi ultérieur à Sainte-Marie de tous les noirs (autres que les femmes et les enfants) qui seraient saisis dans les mers situées au delà du cap de Bonne-Espérance, en vertu des lois prohibitives de la traite; sauf, si ce moyen de recrutement ne suffisait pas, à continuer de faire venir des engagés du Sénégal[1].

Le ministre de la marine, en donnant avis de ces mesures à M. de Cheffontaines, l'invita à examiner si, avec le secours

L'administration
du Sénégal
est
chargée d'envoyer
deux compagnies
de noirs yolofs
à Sainte-Marie.

---

[1] *Rapport au roi et décision royale, du 8 juillet 1827.* « Le mode de recrutement par la voie d'engagement de noirs, disait ce rapport, avait été déjà adopté, non-seulement à Sainte-Marie, mais encore à la Guyane. Il était également en usage depuis longtemps dans les colonies anglaises, qui possédaient des corps entiers de troupes noires. » Le département de la marine n'hésita donc pas à y avoir recours. « C'était d'ailleurs, ainsi que l'exprimait le rapport, contribuer efficacement à la civilisation de l'Afrique que d'appeler à servir sous nos drapeaux une portion de sa population esclave, qui languissait dans l'oisiveté et dans le denûment le plus absolu. Il était au reste établi comme dispositon fondamentale que les hommes libérés du service recevraient des concessions de terrain avec une indemnité suffisante pour aider aux frais de la première culture. »

que pouvaient offrir les deux bâtiments de guerre chargés du transport de ces deux compagnies, et les troupes disponibles des garnisons de Bourbon et de Sainte-Marie, il était possible de faire avec avantage une expédition militaire sur la côte orientale de Madagascar. Dans le cas de l'affirmative, le gouverneur de Bourbon était autorisé à l'entreprendre, en faisant concourir à ses opérations les indigènes, sur lesquels il assurait que l'on pouvait compter. Toutefois cette tentative ne devait être faite qu'autant qu'on serait sûr de pouvoir se maintenir sur les points d'où l'on chasserait les Ovas. Au surplus, aucune mesure relative à cet objet ne devait être prise qu'après un mûr examen en conseil privé[1].

Conformément aux ordres du ministre de la marine, deux compagnies de cent yolofs chacune furent formées en 1828 au Sénégal, et transportées à Sainte-Marie par la corvette *la Meuse,* avec un cadre d'officiers et de sous-officiers d'artillerie de marine. Ce n'était point avec ce petit nombre d'hommes, non encore exercés au maniement des armes, que nous pouvions nous présenter à la grande terre et reprendre nos possessions; il fallait évidemment des forces beaucoup plus imposantes pour atteindre ce but. Les troupes et les bâtiments de guerre demandés à la fin de 1826 par le gouverneur de Bourbon n'étaient même déjà plus suffisants pour nous assurer des succès contre le roi des Ovas, dont la puissance s'était accrue depuis cette époque, et qui comptait sous ses drapeaux jusqu'à quinze mille hommes de troupes bien disciplinées et bien organisées. Tel fut du moins l'avis du conseil privé de Bourbon, après un examen approfondi de la question.

1827.

Arrivée à Sainte-Marie des deux compagnies de noirs yolofs.

Insuffisance des troupes de Bourbon et de Sainte-Marie pour entreprendre une expédition contre les Ovas.

---

[1] *Dépêche ministérielle du 13 novembre 1827.*

1828.

—

Forces
de terre et de mer
jugées
nécessaires
par
l'administration
de Bourbon
pour combattre
les Ovas.

—

Ce conseil, qui avait appelé à ses délibérations M. le commandant particulier de Sainte-Marie, alors à Bourbon, pensa que, pour entreprendre une expédition contre Madagascar, les forces à y consacrer ne devaient pas être moindres de deux frégates, de deux bricks de guerre, de deux corvettes de charge avec leurs équipages complets sur le pied de guerre; plus un bataillon d'infanterie, une compagnie d'artillerie, une demi-compagnie d'ouvriers, deux cents hommes de troupes noires, et enfin un matériel de guerre proportionné, avec deux mille fusils pour armer les peuplades indigènes qui nous étaient dévouées. Il fit observer que si les troupes dont pouvait disposer le gouverneur de Bourbon étaient insuffisantes pour une opération offensive, elles ne l'étaient pas moins pour appuyer des démarches tendantes à un accommodement; car ces démarches devraient être nécessairement suivies d'actes d'hostilité, si la voie de la conciliation ne réussissait pas. Il fallait donc à son avis traiter à main armée, demander la paix en apportant la guerre [1].

Mort
de Radama.

—

Vers cette époque un événement imprévu sembla devoir changer la situation des choses à Madagascar. Radama mourut le 24 juillet 1828, âgé de trente-sept ans; on présuma qu'il avait été empoisonné [2]. Deux partis se disputaient sa succession : le premier, qui portait au trône Ranavalona-Manjaka, l'une des femmes du feu roi, se composait du peuple et de presque toute l'armée; le second, beaucoup plus faible,

---

[1] *Procès-verbaux des délibérations du conseil privé de Bourbon, des 2 et 12 juillet 1828; lettres du gouverneur de la colonie, des 19 et 28 juillet 1828.*

[2] *Lettre de M. de Cheffontaines, du 14 novembre 1828, et pièces y annexées.*

et à la tête duquel se trouvaient la mère de Radama et quelques généraux influents, soutenait les prétentions d'un neveu du feu roi, le jeune Rakatoubé, fils du général Raffaralahé; mais Ranavalona, ayant réussi à s'emparer de la couronne, fit mettre à mort ce jeune prince, son père Raffaralahé, et la reine-mère[1].

Malgré les avantages que l'on pouvait recueillir d'une attaque dirigée en ce moment contre la puissance des Ovas, le conseil privé de Bourbon fut d'avis, à l'unanimité, qu'il fallait attendre les renforts demandés au gouvernement métropolitain, laisser les diverses factions s'affaiblir par leurs dissensions et nous préparer elles-mêmes par là des succès plus certains[2].

Après avoir mûrement réfléchi sur les demandes formées par l'administration de Bourbon, le département de la marine[3] jugea qu'il n'était pas possible de les accueillir complétement. L'armement proposé devait nécessiter un déplacement de forces maritimes et militaires ainsi que des dépenses, auxquels on n'aurait pu que difficilement pourvoir. Il était calculé, d'ailleurs, sur un état de choses que la mort de Radama devait nécessairement avoir changé, et qui pouvait dès lors rendre les mesures conseillées sans proportion avec le but qu'il convenait d'atteindre. Il n'était point en effet question de prendre de vive force la côte de Madagascar et de l'occuper,

---

[1] *Lettre de M. de Cheffontaines, du 14 novembre 1828, et pièces y annexées.*

[2] *Ibid.* La faction militaire qui avait élevé au trône Ranavalona avait exigé d'elle le serment de ne jamais consentir à céder aux étrangers une portion quelconque du territoire de Madagascar.

[3] Le 3 mars 1828, M. le baron Hyde de Neuville avait succédé à M. le comte de Chabrol dans les fonctions de ministre de la marine; il conserva ces fonctions jusqu'au 7 août 1829.

1828 — 1829.

Ranavalona lui succède.

Résultat de l'examen des mesures proposées par l'administration de Bourbon.

1829.

mais seulement d'assurer la réussite de négociations ayant pour objet de rétablir nos droits sur certaines parties du littoral et notamment sur le territoire de Tintingue, de replacer sur des bases solides nos relations de commerce et d'amitié avec les peuples madécasses, de reprendre s'il était possible notre ancienne influence dans le pays, et enfin de préparer la formation à Tintingue d'un établissement maritime qui, dans le cas d'une guerre avec l'Angleterre, devait être d'un très-grand prix pour la France [1].

Composition de l'expédition destinée pour Madagascar.

Tels furent les motifs qui déterminèrent le ministre de la marine à ne proposer au Roi que des mesures dont l'exécution pût avoir lieu sans exiger des dépenses ou un déploiement de forces extraordinaires. Le Roi décida, le 28 janvier 1829, que cent cinquante-six hommes d'artillerie de marine et quatre-vingt-dix hommes d'infanterie légère, désignés pour remplacer au 1er janvier 1830 pareil nombre de militaires des mêmes armes à Bourbon et à Sainte-Marie, partiraient au plus tôt et composeraient, avec ces derniers et les compagnies de noirs yolofs, le corps expéditionnaire; que la corvette de charge *la Nièvre* et la gabare *la Chevrette* les transporteraient à leur destination, avec deux cents fusils de munition et un approvisionnement de poudre pour les besoins de Sainte-Marie, ainsi que quelques armes et autres objets précieux pour être donnés en présents aux chefs influents de Madagascar; enfin que *la Nièvre, la Chevrette,* la frégate *la Terpsichore,* détachée de la station du Brésil, et la gabare *l'Infatigable* formeraient, avec les autres bâtiments du roi qui se trouve-

---

[1] *Rapport au roi et décision royale du 28 janvier 1829; dépêches ministérielles des 29 et 30 janvier 1829, adressées, la première à M. le contre-amiral Roussin à Rio-Janeiro, la seconde au gouverneur de Bourbon.*

raient alors à Bourbon, une division navale qui serait placée sous les ordres de M. le capitaine de vaisseau Gourbeyre, commandant de la frégate, et qui agirait conformément à un plan d'opérations arrêté par le gouverneur en conseil [1].

Le ministre de la marine, en notifiant cette décision à M. le comte de Cheffontaines, lui renouvela la recommandation faite par son prédécesseur de ne tenter aucune entreprise dont les résultats, en cas de non succès, pussent compromettre les intérêts et la dignité de la France, et notamment de n'occuper militairement que les points qu'il serait démontré facile de conserver avec les forces disponibles. M. le baron Hyde de Neuville ajoutait que, dans l'incertitude où l'on était en France sur la situation réelle des choses à Madagascar, il ne pouvait donner d'instructions précises relativement aux mesures à prendre; mais qu'il s'en rapportait aux lumières et à la sagesse du conseil privé pour employer de la manière la plus utile aux intérêts de la France les moyens mis à la disposition de l'administration locale [2].

Les bâtiments et les troupes expédiées de France se trouvèrent réunis à Bourbon dans les premiers jours du mois de juin 1829. Conformément aux intentions du ministre de la marine, M. de Cheffontaines convoqua le conseil privé pour délibérer sur la marche qu'il convenait d'imprimer aux opérations de l'expédition. Après une discussion approfondie, à laquelle M. de Cheffontaines crut devoir appeler M. Gourbeyre, il fut arrêté :

« 1° Que l'expédition se présenterait sur la côte de Madagascar d'une manière amicale;

1820.

Recommandations du ministre de la marine sur la prudence qui devait présider à l'expédition.

Instructions de M. Gourbeyre.

---

[1] *Rapport au Roi et décision royale du 28 janvier 1829.*

[2] *Dépêche ministérielle du 30 janvier 1829.*

1829.

« 2° Qu'elle ne tenterait rien avant qu'il n'eût été répondu à une notification qui serait faite à la reine des Ovas par une députation qui se rendrait immédiatement auprès d'elle et lui offrirait des présents ainsi qu'à ses principaux officiers;

« 3° Que la notification porterait que l'intention du Roi de France était :

« De faire occuper de nouveau par ses troupes le port de Tintingue, d'exiger la reconnaissance de ses droits sur le Fort-Dauphin et la partie de la côte orientale, entre la rivière d'Yvondrou et la baie d'Antongil inclusivement, et autres points anciennement soumis à la domination française;

« De rétablir, sous sa protection et sa domination, les anciens chefs malates et betsiminsaracs,

« Et enfin de lier, avec les peuples de Madagascar, des relations d'amitié et de commerce, qui ne pourraient contribuer qu'à la paix intérieure et à la prospérité du pays;

« 4° Que le chef de la députation demanderait une réponse prompte et précise, et que s'il ne l'obtenait pas dans le délai de huit jours, il se retirerait immédiatement près du commandant de l'expédition, qui se mettrait alors en devoir d'assurer par la force l'exécution des ordres du Roi[1]. »

L'expédition met à la voile pour Madagascar.

Muni d'instructions détaillées, rédigées dans ce sens, et pourvu des vivres et du matériel nécessaires à l'expédition, M. Gourbeyre partit de Bourbon le 15 juin 1829, avec la frégate *la Terpsichore*, la gabare *l'Infatigable* et le transport *le Madagascar*[2]. Le 7 juillet, après avoir rallié, devant Sainte-Marie, *la Chevrette*, *la Nièvre* et l'aviso *le Colibri*, le

---

[1] *Délibération du conseil privé de Bourbon, du 27 mai 1829.*

[2] *Lettre de M. de Cheffontaines, du 16 juin 1829, et pièces y annexées.*

commandant de l'expédition mit sous voile et mouilla le 9, dans l'après-midi, sur la rade de Tamatave [1].

Pour juger par lui-même des dispositions des Ovas, M. Gourbeyre descendit le lendemain à la Grande-Terre, accompagné de plusieurs officiers et de quelques autres personnes, et alla faire visite à André Soa, gouverneur de la province. Il lui annonça que sa mission était toute de paix, qu'il était porteur de cadeaux pour la reine Ranavalona, et qu'il désirait les lui envoyer par deux de ses officiers, pour lesquels il demandait des saufs-conduits. Ces cadeaux consistaient en deux cachemires français, une robe de cour en velours cramoisi, une autre en tulle brodé, et deux pièces de gros de Naples. Ces objets de toilette avaient été choisis avec soin, dans le but de faire connaître à la reine la beauté des produits de nos manufactures.

Pendant sa visite, M. Gourbeyre eut occasion de remarquer les préparatifs de défense qui se faisaient. Des boulets arrivaient d'Emirne, et la garnison de Tamatave avait été augmentée. Des corps ovas devaient également être dirigés sur Tintingue, dans le but sans doute de s'opposer à notre établissement sur ce point. Ces dispositions déterminèrent le

---

[1] Les troupes expéditionnaires étaient composées comme suit :

Artillerie............ 85 hommes	} 106	
Ouvriers militaires.... 21		
Infanterie........................ 231		
Total..................... 437		

Lettres de M. de Cheffontaines, des 16 juin et 27 juillet 1829, et pièces y annexées.

1829.

M. Gourbeyre
notifie
la reine des Ovas
les prétentions
de la France.

Les troupes
françaises
débarquent
à Tintingue
et le
fortifient.

Députation
envoyée
à M. Gourbeyre
par
le général en chef
de l'armée ova.

Réponse
de M. Gourbeyre.

commandant français à ne pas envoyer d'officiers vers la reine; et, afin de ne pas s'exposer à perdre en pourparlers un temps précieux, il écrivit, le 14 juillet 1829, à Ranavalona, pour lui notifier clairement nos prétentions. Il fixa, pour sa réponse, un délai de vingt jours, passé lequel le silence de la reine devait être considéré comme un refus de reconnaître nos droits[1].

Pour mettre cet intervalle de temps à profit, la division se rendit de Tamatave à Tintingue, dont la reprise de possession eut lieu le 2 août. On s'y occupa immédiatement des travaux de fortification et d'établissement. Des fossés larges et profonds furent creusés autour de l'enceinte qu'on avait choisie; huit canons mis en batterie en défendirent l'approche, et le 19 septembre 1829 le fort se trouva assez avancé pour qu'on pût y arborer le drapeau français[2].

A quelque temps de là, une députation d'officiers ovas se présenta devant le commandant français pour lui remettre une lettre par laquelle le général en chef de l'armée ova, Andriamihiaja, demandait les motifs de notre établissement à Tintingue. M. Gourbeyre répondit en rappelant les droits de la France à la possession de diverses parties de la côte orientale de Madagascar. Puis il réclama à son tour des explications sur un acte de violence des plus outrageants commis trois ou quatre mois auparavant contre un traitant français, nommé Pinçont, par le chef ova de Fenerif. Ce barbare, au mépris de toutes les lois humaines, avait fait vendre publiquement notre compatriote,

---

[1] *Lettre de M. Gourbeyre au ministre de la marine, du 18 juillet 1829.*

[2] *Lettres de M. Gourbeyre au ministre de la marine, des 20 août, 15 septembre et 1er octobre 1829.*

jeté par la tempête sur la côte voisine, et ce n'avait été qu'au prix de cinquante piastres d'Espagne que celui-ci avait pu racheter sa liberté. Après avoir exprimé la vive indignation que lui inspirait une telle conduite, M. Gourbeyre déclarait qu'il se rendrait bientôt, avec sa division, à Tamatave pour exiger la réparation de tous les griefs que les Français avaient à reprocher au gouvernement des Ovas[1].

Laissant la gabare *l'Infatigable* et trois cents hommes de garnison à Tintingue, M. Gourbeyre se dirigea en effet le 3 octobre sur Tamatave, avec *la Terpsichore*, *la Nièvre* et *la Chevrette*, et vint, le 10 octobre, s'embosser à trois cents toises du fort ova[2].

Le lendemain dès le point du jour, ces trois bâtiments et les troupes expéditionnaires se préparèrent au combat; mais, avant de commencer le feu, M. Gourbeyre fit demander au prince Coroller, commandant en chef de la côte-orientale de Madagascar, s'il avait reçu de la reine Ranavalona les pouvoirs nécessaires pour traiter. Sur sa réponse négative, un officier de la frégate lui remit, avec une déclaration de guerre, une lettre qui lui annonçait que les hostilités allaient immédiatement commencer.

C'est ce qui eut lieu en effet. Peu d'instants suffirent pour détruire le fort; et quelque obus bien dirigés ayant causé l'explosion du magasin à poudre, les Ovas, épouvantés, abandonnèrent leurs retranchements[3]. Pour rendre le succès complet, on mit à terre un détachement de deux cent trente-huit

---

[1] *Lettre de M. Gourbeyre, du 2 octobre 1829, et pièces y annexées.*

[2] *Lettre de M. Gourbeyre, du 15 octobre 1829.*

[3] *Lettre de M. Gourbeyre, du 15 octobre 1829; 2ᵉ supplément de la Feuille hebdomadaire de Bourbon, du 28 octobre 1829.*

hommes de troupes de débarquement sous les ordres du capitaine Fénix, et l'ennemi, forcé bientôt de lâcher pied, s'enfuit dans les montagnes d'Yvondrou, laissant en notre pouvoir vingt-trois canons ou caronades et plus de deux cents fusils. Les Ovas eurent dans cette affaire plus de cinquante hommes tués. Poursuivis vivement par nos soldats dans l'intérieur des terres jusqu'à Ambatoumanoui, ils y éprouvèrent une nouvelle défaite, qui leur fit perdre à peu près autant de monde.

L'impression que ce succès produisit sur l'esprit des Betsimsaracs fut telle, qu'ils offrirent de se soulever contre les Ovas et ne demandèrent que quelques jours pour mettre sur pied six à huit mille hommes et exterminer leurs ennemis; mais il aurait fallu leur laisser un bâtiment, avec un détachement de soldats français, et l'hivernage approchait : cette double circonstance ne permit pas de profiter de leurs bonnes dispositions[1].

Combat de Foulpointe.

Après le poste de Tamatave, le plus important de ceux que les Ovas occupaient sur la côte était sans contredit Foulpointe. M. Gourbeyre crut devoir s'y porter pour continuer les hostilités. Retenue quelque temps à Tamatave par les vents contraires et par la nécessité de protéger l'évacuation des traitants, la division ne put jeter l'ancre à Foulpointe que le 26 octobre. Nos armes ne furent pas heureuses là comme elles venaient de l'être à Tamatave. Le 27, le canon des bâtiments était parvenu à déloger les ennemis des batteries qu'ils avaient établies pour la défense du rivage, et nos troupes mises à terre s'étaient avancées en bon ordre contre une redoute d'où partait une très-vive fusillade, lorsque leur ardeur à se porter en

---

[1] *Lettre de M. Gourbeyre, du 15 octobre 1829.*

avant vint mettre la confusion dans leurs rangs. En ce moment, une décharge subite de sept à huit coups de canons
chargés à mitraille, ébranla le courage de nos soldats. Quelques-
uns prirent la fuite, et le plus grand nombre les suivit bientôt.
Ce fut alors que le brave capitaine d'artillerie Schœll, qui
n'avait pas voulu tourner le dos à l'ennemi, tomba percé de
coups. Sa mort fut l'objet de regrets universels. L'échec
éprouvé dans cette rencontre était d'autant plus inattendu
que ce fut précisément au moment où la victoire était à nous,
que nos soldats lâchèrent pied. Si la colonne d'attaque
eût été formée comme elle devait l'être par le capitaine
qui la commandait, la redoute était enlevée à la baïonnette,
et nos troupes triomphaient en un instant d'un ennemi trois
fois supérieur en nombre. Malgré cette fâcheuse issue de notre
attaque, les Ovas n'eurent pas moins de soixante-quinze tués et
de cinquante blessés, tandis que le nombre de nos morts ne s'é-
leva pas à plus de onze et celui de nos blessés à plus de quinze[1].

Dans l'espoir d'effacer le souvenir de cette journée,
M. Gourbeyre conduisit, le 3 novembre, sa division à la Pointe-
à-Larrée, où les Ovas avaient établi un poste militaire qui
menaçait à la fois nos établissements de Tintingue et de
Sainte-Marie. La victoire ici fut complète. Le feu ayant com-
mencé le 4 au matin, nos boulets ne tardèrent pas à faire
une brèche au fort des Ovas. La plupart des canonniers ennemis périrent sur leurs pièces; les Ovas, qui avaient fait
jusque là une courageuse résistance, ayant vu succomber les
plus intrépides d'entre eux, abandonnèrent des bastions qui
ne les défendaient plus contre les obus et la mitraille, et ne

___

[1] *Lettre de M. Gourbeyre, du 29 octobre 1829.*

1829.

songèrent plus qu'à la fuite. Poursivis par nos tirailleurs, ils perdirent encore beacoup de monde. A midi, le pavillon français flottait sur le fort des Ovas. Cette journée, dans laquelle l'ennemi eut cent vingt-cinq hommes tués, nous valut huit canons, sept cents livres de poudre et un troupeau de deux cent cinquante bœufs. De notre côté il n'y eut que onze tués. Les bâtiments de la division restèrent deux jours au mouillage pour qu'on mît à bord tout ce qui pouvait être emporté, et ils partirent le 6 novembre pour retourner à Sainte-Marie [1].

M. Gourbeyre ramène sa division à Sainte-Marie.

Après le combat de la Pointe-à-Larrée, le chef de l'expédition aurait désiré pouvoir parcourir la côte et détruire successivement tous les postes occupés par les Ovas au nord de Tintingue, afin d'assurer la conservation de cet établissement; mais les bâtiments avaient peu de munitions de guerre, les équipages et les troupes étaient affaiblis par les travaux et les maladies, et le moment approchait où la saison deviendrait un obstacle à de nouvelles hostilités. Ces considérations déterminèrent le commandant français à suspendre des opérations qu'on ne pouvait plus continuer sans danger pour les équipages comme pour les troupes de l'expédition. Les mêmes motifs lui firent sentir combien il était important d'achever les fortifications de Tintingue avant l'hivernage. Il porta en conséquence jusqu'à quatre cents hommes la garnison de cette place, dont le commandement fut confié à M. Gailly, capitaine d'artillerie [2]. Quant à la garnison de Sainte-Marie, son effectif fut fixé à cent cinquante hommes, et M. Carayon

Suspension des opérations militaires.

Dispositions faites pour la sûreté de Tintingue et de Sainte-Marie.

[1] *Lettre de M. Gourbeyre, du 8 novembre 1829.*

[2] M. Gailly remplaçait alors par intérim, comme commandant particulier des établissements français de Madagascar, M. Schœll, tué au combat de Foulpointe.

fut investi du commandement de l'île. Deux bâtiments, *l'Infatigable* et *la Chevrette* restèrent en croisière sur la côte pour protéger ces deux établissements [1].

Cependant le bruit de la première victoire remportée par nos troupes répandit une terreur panique à Emirne, où résidait Ranavalona, et disposa le gouvernement ova à négocier [2]. Le 20 novembre, deux envoyés de ce gouvernement, le prince Coroller et le général Ratsitouhaine firent demander à M. Gourbeyre un sauf-conduit pour se rendre auprès de lui, afin de lui remettre deux lettres de la reine et traiter de la paix. M. Gourbeyre consentit à les recevoir à la Pointe-à-Larrée. L'entrevue eut lieu à bord de *la Terpsichore*, le 22 novembre [3]. Les envoyés manifestèrent les sentiments les plus pacifiques, et déclarèrent à M. Gourbeyre que la reine était disposée à accorder toutes les réparations demandées pour les griefs dont la France avait à se plaindre. Ils repartirent, le 26 novembre, emportant un traité dont la ratification par Ranavalona devait avoir lieu au plus tard le 31 décembre.

1829.

Le gouvernement ova fait des ouvertures de paix.

Traité de paix soumis à la ratification de la reine des Ovas.

---

[1] *Lettre de M. Gourbeyre, du 19 novembre 1829.*

[2] D'après l'aveu de Coroller, les Ovas auraient eu trois cent quatre tués et cent seize blessés dans les quatre combats dont il a été parlé ci-dessus, savoir :

A Tamatave........	53 morts	6 blessés;
A Ambatoumanoui...	51 *id.,*	5 *id.;*
A Foulpointe........	75 *id.,*	50 *id.;*
A la Pointe-à-Larrée..	125 *id.,*	55 *id.*
Total..........	304 morts	116 blessés; plus 25 prisonniers.

Lettre de M. Gourbeyre, du 10 décembre 1829.

[3] *Lettre de M. Gourbeyre, du 10 décembre 1829.*

Pour preuve de son désir de voir la bonne harmonie rétablie entre les Français et les Ovas, le prince Coroller, avant de quitter la Pointe-à-Larrée, remit au commandant Gourbeyre une invitation à tous les traitants français de rentrer à Tamatave et dans les autres lieux occupés par les Ovas; un ordre aux chefs de la côte de cesser immédiatemment les hostilités; et une lettre portant que les navires du commerce français seraient admis comme par le passé dans tous les ports sous la domination de Ranavalona[1].

En attendant la réponse de la reine, M. Gourbeyre quitta les côtes de Madagascar où sa présence n'était pas alors nécessaire, et se rendit à l'île Bourbon, pour se concerter avec le gouverneur de cette colonie sur les opérations ultérieures[2].

D'après les sentiments manifestés par les envoyés ovas, la ratification du projet de traité ne paraissait pas douteuse; elle fut pourtant refusée, et la teneur des réponses de Ranavalona porte à croire que ce refus fut l'œuvre des missionnaires anglais établis dans la capitale du pays des Ovas[3].

Il fallut dès lors songer à recommencer les hostilités. Sur la demande de M. le capitaine de vaisseau Gourbeyre et du conseil privé de Bourbon[4], le gouvernement de la métropole[5]

---

[1] *Lettre précitée de M. Gourbeyre, du 10 décembre 1829.*

[2] *Ibidem.*

[3] *Rapport de M. Gourbeyre, du 19 janvier 1830.*

[4] *Rapport de M. Gourbeyre, du 19 janvier 1830; procès-verbaux des séances du conseil privé de Bourbon, des 17 et 18 janvier 1830; lettre du gouverneur de cette colonie, du 25 janvier 1830.*

[5] Le portefeuille du département de la marine était alors entre les mains de M. le baron d'Haussez, qui l'avait reçu le 27 août 1829, et qui le garda jusqu'au 27 juillet 1830.

ordonna l'envoi à Madagascar de huit cents hommes du 16ᵉ léger, d'un certain nombre d'artilleurs et d'un matériel de guerre proportionné. On affecta au transport de ces troupes la frégate *la Junon*, la corvette de charge *l'Oise* et la corvette *l'Héroïne* [1]. L'expérience ayant démontré que les soldats noirs étaient la force sur laquelle on devait principalement compter pendant la mauvaise saison, le département de la marine fit organiser au Sénégal deux nouvelles compagnies d'yolofs pour les établissements de Madagascar. L'envoi de ces renforts était d'ailleurs d'autant plus nécessaire, que les garnisons de Tintingue, et de Sainte-Marie avaient subi les effets de l'hivernage de 1829 à 1830. Tous les blancs avaient été malades et quelques-uns avaient succombé. Les équipages des bâtiments de l'état en station sur la côte avaient également souffert de l'influence de l'hivernage [2].

En accordant le personnel et le matériel que le conseil privé de Bourbon, d'accord avec M. Gourbeyre, avait déclarés être nécessaires pour continuer la guerre contre les Ovas, le gouvernement métropolitain avait eu principalement en vue de donner, par un déploiement de forces imposantes, assez de poids aux négociations ultérieures pour que la paix se rétablît sans qu'il fût besoin d'employer de nouveau la voie des armes. Le ministre de la marine ne le laissa point ignorer au gouverneur de Bourbon. « C'est à une conclusion prompte, honorable et sans effusion de sang, lui écrivait-il le 8 juin 1830, que doivent tendre tous vos soins et ceux de M. Gourbeyre. A cet effet, sans négliger les secours que l'on peut tirer, de la

1829-1830.

Instructions ministérielles adressées au gouverneur de Bourbon sur la nécessité de faire la paix avec les Ovas.

----

[1] *Rapport au Roi et décisions royales des 17 février et 30 mai 1830.*

[2] *Lettre du gouverneur de Bourbon, du 12 septembre 1830; lettre de M. Gourbeyre, du 1ᵉʳ mars 1830.*

jalousie des peuples rivaux ou mécontents des Ovas, il faut éviter de prendre avec ces peuples des engagements tels qu'une conciliation ultérieure avec la reine devînt impossible.... Si les négociations n'amènent pas un résultat favorable, les forces qui vous sont données, insuffisantes pour une guerre d'envahissement et de conquête, qui n'entrerait en aucun cas dans les intentions du roi, permettront nonseulement de se tenir sur une défensive respectable à Tintingue ainsi qu'à Sainte-Marie, mais même de renouveler au besoin les opérations militaires qui ont eu lieu en 1829. Toutefois comme le seul but de sa majesté est, en soutenant l'honneur du pavillon, d'obtenir la reconnaissance des droits de la France sur certaines parties du littoral et de procurer toute sécurité au commerce français, il convient de n'entreprendre d'expédition armée qu'autant que le succès en serait prompt et propre d'ailleurs à forcer la détermination de la reine relativement à la conclusion de la paix. La colonie de Bourbon, ajoutait le ministre, appréciera, je n'en doute pas, les sacrifices que fait le gouvernement pour soutenir une cause embrassée à sa demande et presque uniquement dans son intérêt; mais ces sacrifices ne peuvent être d'une longue durée, et il importe essentiellement de rentrer au plus tôt, quant à la dépense, dans les limites des crédits qui ont été accordés par le budget. A cet effet et sans attendre de nouveaux ordres, dès que la paix sera faite, ou, dans le cas contraire, dès que nos établissements de Tintingue et de Sainte-Marie pourront se passer de secours extraordinaires, vous renverrez en France toutes les troupes qu'il ne serait pas indispensable de conserver. »

M. Duval-Dailly, qui venait de succéder à M. de Cheffon-

taines dans la place de gouverneur de Bourbon, ne négligea
rien de son côté pour éviter la reprise des hostilités.

Vers le milieu de 1830, les relations indirectes de l'administration de Bourbon avec Emirne ayant fait connaître
que le gouvernement ova se trouvait dans des dispositions
pacifiques et qu'il cèderait volontiers les territoires réclamés,
cette administration crut devoir profiter des moments où l'absence des forces demandées en France ne lui permettait pas
d'agir hostilement, d'abord pour s'assurer du véritable état des
esprits à la cour d'Emirne et éclairer la reine sur les dangers
où l'exposerait la continuation de la guerre, et ensuite pour
chercher à conclure un traité sur des bases également avantageuses aux deux parties [1].

Cette mission fut confiée à MM. Tourette, secrétaire-
greffier de l'administration de Sainte-Marie, et Rontaunay, négociant de Bourbon, lequel possédait, de compte
à demi avec la reine, une sucrerie à Mahéla, près de
Tamatave. Ce dernier devait se rendre à la cour d'Emirne
sans caractère officiel, afin de pouvoir mieux seconder de
son influence les démarches de son collègue. Les deux commissaires voyagèrent séparément. M. Tourette partit de Tamatave le 21 juillet ; de son côté, M. Rontaunay avait quitté
Mahéla quelques jours auparavant pour se rendre auprès de
la reine Ranavalona [2].

Après quelques difficultés qui furent bientôt aplanies, le
prince Coroller, commandant les troupes ovas du littoral,

1830.

M. Duval-Dailly
agit
dans ce sens.

Deux commissaires
français
sont envoyés
à la reine des Ovas.

---

[1] *Rapport de M. Gourbeyre, du 19 janvier 1830 ; lettre de M. Gourbeyre, du 18 avril 1830.*

[2] *Lettre du gouverneur de Bourbon, du 12 juin 1830, et pièces y annexées ;
lettre de M. Gourbeyre, du 15 août 1830, et pièces y annexées.*

donna à M. Tourette une garde pour l'accompagner ; mais, arrivé à quelques lieues de la capitale, M. Tourette fut obligé de s'arrêter dans un village, où le général Andriamihiaja, premier ministre de Ranavalona, accompagné d'agents dévoués au gouverneur de Maurice, vint à sa rencontre pour lui signifier qu'il était chargé par la reine de conférer avec lui sur l'objet de sa mission. M. Tourette avait appris la veille, par des rapports secrets, que la démarche du premier ministre n'avait d'autre but que de l'empêcher d'arriver jusqu'à Ranavalona, et d'entrer en relation avec les personnes influentes de la cour qui désiraient la paix. Après avoir inutilement insisté pour obtenir la permission de continuer son voyage jusqu'à Tananarivo, M. Tourette fut contraint à la fin de revenir sur ses pas sans avoir pu même entamer une négociation [1].

M. Rontaunay, qui n'avait pas pris de titre officiel, fut plus heureux. Il parvint, sur la fin d'août 1830, à Tananarivo. Il y trouva le parti du premier ministre trop puissant et trop contraire à un arrangement pour que ses démarches pussent obtenir un résultat immédiat. Il ne réussit pas à voir la reine ; mais il employa les moyens qui étaient à sa disposition pour faire comprendre aux personnages du parti opposé à celui d'Andriamihiaja les avantages que la paix procurerait au pays ova, et combien il y avait de danger pour Ranavalona à continuer la guerre avec les Français ; puis il quitta Tananarivo après une résidence de quinze jours, sans avoir pu agir ouvertement dans le sens de sa mission. Cependant ses efforts, quoique tentés par une voie indirecte,

---

[1] *Rapport de M. Tourette à M. Gourbeyre, du 31 août 1830.*

ne furent pas sans succès. Après son départ, le parti favorable à la paix triompha, à la suite d'une émeute dans laquelle Andriamihiaja fut assassiné. On attribua la mort de ce général au mécontentement produit par son opposition à toute transaction avec la France. On trouva dans ses papiers toutes les lettres adressées par M. Gourbeyre au gouvernement ova. Le prince Coroller assura plus tard qu'elles n'avaient jamais été communiquées à la reine ni aux autres ministres, et que Andriamihiaja faisait seul les réponses, en employant abusivement le nom et la signature de Ranavalona[1].

Peu de temps après cet événement, le général Coroller fit savoir au commandant de l'un des bâtiments de la station française que la reine Ranavalona devait adresser prochainement au gouverneur de Bourbon des propositions de paix conformes à la convention arrêtée précédemment par M. Gourbeyre. D'après la réception faite à nos commissaires, il ne convenait plus à la dignité de la France d'entamer de nouvelles négociations avant de connaître la nature de ces propositions. Cependant, afin de ne pas perdre une occasion de terminer à l'amiable la lutte où nous étions engagés, le gouverneur de Bourbon chargea, le 8 novembre 1830, M. le lieutenant de vaisseau de Marans de se rendre à Tamatave avec la frégate *la Junon*, et de sonder adroitement le général Coroller sur les véritables intentions de la reine[2]. Celui-ci écrivit à cette occasion à M. Duval-Dailly, que sa souveraine, inspirée par des conseils plus sages, était disposée à consolider par un traité une paix avantageuse aux

---

[1] *Lettre de M. Duval-Dailly, gouverneur de Bourbon, du 8 novembre 1830.*

[2] *Lettre de M. Duval-Dailly, du 8 novembre 1830.*

1830.

Ces ouvertures n'ont aucune suite.

deux nations. Mais l'entretien que M. de Marans eut avec ce général ne lui donna point une opinion favorable de sa sincérité, et aucun message de la reine ne vint confirmer les dispositions pacifiques qu'on lui attribuait. Il était de fait pourtant que nos bâtiments étaient bien accueillis sur tous les points occupés par les Ovas, et que les traitants français n'étaient ni inquiétés ni molestés [1].

Ajournement des hostilités.

Cependant les troupes ovas, éclairées par l'expérience ou plus habilement conseillées, avaient reculé leur ligne de défense dans l'intérieur, hors de la portée des canons de nos bâtiments, en sorte qu'il était devenu impossible de les attaquer avec avantage avant d'avoir reçu le matériel d'artillerie demandé en France; d'un autre côté, on ne pouvait reprendre l'offensive qu'après la rupture des négociations entamées, et le résultat définitif de ces négociations ne devait parvenir à la connaissance de l'administration de Bourbon qu'à une époque de la saison qui n'eût pas laissé assez de temps pour assurer le succès des opérations commencées. Il fut donc décidé que les hostilités, dans le cas où elles devraient être reprises, ne le seraient qu'au mois de juillet 1831. M. Gourbeyre crut devoir profiter de ce délai pour repasser en France, dans la pensée que sa présence à Paris le mettrait à même de donner au ministre de la marine beaucoup de renseignements qu'on avait peut-être négligé de lui transmettre, et de répondre à une foule de questions, toujours trop tardivement résolues par la correspondance [2].

Départ de M. Gourbeyre pour la France.

Sur ces entrefaites, la révolution de juillet s'étant accom-

---

[1] *Lettre de M. Duval-Dailly, du 8 novembre 1830.*

[2] *Lettre de M. Gourbeyre, du 15 août 1830; lettre de M. Duval-Dailly du 10 octobre 1830 et pièces y annexées.*

plie, l'un des premiers soins du département de la marine fut d'examiner si, dans la situation grave où cette révolution plaçait la France, il ne convenait pas de faire cesser au plus tôt les dépenses extraordinaires qu'occasionnait Madagascar. Sur le compte qui lui fut rendu à ce sujet, M. le lieutenant général comte Sebastiani, qui venait d'être chargé du portefeuille de la marine [1], reconnut que ce serait sans aucun avantage que l'on continuerait à suivre le plan de dispositions offensives qui avait été adopté, de concert avec le conseil privé de Bourbon, par le capitaine de vaisseau Gourbeyre. En conséquence, dès le 31 août 1830, il ordonna le débarquement d'un détachement de cent vingt-sept hommes d'infanterie légère, qui se trouvait prêt à partir de Brest pour Bourbon à l'effet d'y compléter, avec six cent soixante-treize hommes du même corps déjà partis, le renfort de huit cents hommes dont l'envoi avait été ordonné au commencement de l'année. M. le lieutenant général Sebastiani ne crut pas qu'il y eût lieu de se borner à cette mesure. Voulant proposer au roi de statuer sur la question d'occupation de Madagascar, il mit la matière en délibération au conseil d'amirauté réuni sous sa présidence, en le priant de l'examiner, notamment sous le rapport de l'intérêt qui s'attachait à la possession d'un port militaire dans ces mers, où nous n'avons aucun abri.

Le conseil d'amirauté, tout en admettant l'importance d'un pareil établissement, exprima l'opinion qu'il serait presque impossible de nous maintenir à Tintingue en temps de guerre, attendu que l'immense supériorité de la puissance anglaise dans l'Inde, la mettait en position de diriger sur les

---

[1] M. le comte Sebastiani fut ministre de la marine du 11 août au 16 novembre 1830. M. le comte d'Argout lui succéda.

1830.

colonies étrangères qui se trouvent dans le voisinage de ses possessions, des forces auxquelles ces colonies seraient incapables de résister. Il fit observer en outre qu'un établissement maritime, quelque insuffisant qu'il fût, nécessiterait des dépenses considérables, et que sans doute, dans les circonstances où l'on se trouvait, on ne pourrait obtenir des Chambres les crédits nécessaires pour y subvenir. Il rappela d'ailleurs les pertes que l'insalubrité du climat avait fait éprouver récemment aux troupes ainsi qu'aux bâtiments composant l'expédition; et, par ces diverses considérations, il exprima unanimement l'avis « que le parti le plus sage à prendre à l'égard de Madagascar, était de renoncer, au moins quant à présent, à tout projet d'établissement sur cette île, en prenant toutes les précautions nécessaires pour sauver l'honneur de nos armes [1]. »

Le conseil d'amirauté est d'avis de renoncer à tout projet d'établissement à Madagascar.

Le ministre de la marine adopta cet avis, et, sur sa proposition, le Roi décida, le 27 octobre 1830 [2], 1° que l'on rappellerait immédiatement en France les quatre bâtiments de guerre affectés à l'expédition, et tout ce qui, en infanterie et en artillerie, excéderait l'effectif des garnisons ordinaires de Bourbon et de Sainte-Marie; 2° que le gouverneur de Bourbon serait chargé de négocier avec la reine des Ovas un traité où l'on s'abstiendrait, au besoin, de discuter la question de souveraineté, et qui aurait pour but essentiel de régler les relations commerciales entre la France et Madagascar.

Mesures adoptées par le gouvernement du Roi.

Cette décision fut immédiatement notifiée à M. Duval-Dailly. Mais, avant qu'elle lui parvînt, ce gouverneur avait

Renvoi en France d'une partie des troupes

---

[1] *Procès-verbal de la séance du conseil d'amirauté, du 6 octobre 1830.*

[2] *Rapport au Roi et décision royale, du 27 octobre 1830.*

déjà fait quelques dispositions en ce sens. Conformément à l'esprit de la dépêche ministérielle du 8 juin 1830, et après avoir consulté le conseil privé de Bourbon, il avait ordonné le renvoi en France de quatre cent douze hommes d'infanterie et de deux des bâtiments de l'expédition. Quoique la paix ne fût pas faite avec les Ovas, nos établissements se trouvaient alors à l'abri de leurs attaques, et il avait jugé suffisant de conserver à Bourbon, en sus des forces affectées au service ordinaire de Madagascar[1], deux cents hommes d'infanterie pour renforcer, au besoin, la garnison de Tintingue, et quatre bâtiments pour assurer les communications avec Bourbon[2]. Ces dispositions ne parurent pas influer défavorablement sur notre situation politique à Madagascar. La reine des Ovas, sans se montrer toutefois mieux disposée à la paix, laissait les navires français commercer en toute liberté sur les côtes de la grande terre.

La dépêche ministérielle qui notifiait au gouverneur de Bourbon les ordres du Roi relativement à Madagascar, l'autorisait en outre à faire évacuer Tintingue et Sainte-Marie. Afin de rendre plus avantageux le traité de commerce qu'il lui était recommandé, par cette dépêche, de conclure avec les Ovas, M. Duval Dailly ouvrit avec le gouvernement d'Emirne des négociations, où l'évacuation de Tintingue, quoique arrêtée à l'avance, fut cependant présentée comme une compensation des avantages commerciaux réclamés

---

[1] A la date du 18 août 1830, ces forces se composaient de soixante-cinq artilleurs, de quarante-six ouvriers d'artillerie, et d'un corps de trois cent cinquante-quatre noirs. *Lettre de M. Duval-Dailly, du 12 septembre 1830.*

[2] *Lettre de M. Duval-Dailly, du 10 décembre 1830, et pièces y annexées.*

1831.

par la France; mais le gouvernement ova, instruit par ses communications avec l'île Maurice des intentions de la France quant à l'évacuation, et certain dès lors d'obtenir ce qu'il désirait par la temporisation et sans aucun sacrifice, se refusa à tout traité [1].

Évacuation
de Tintingue.

Cette dernière tentative ayant ainsi échoué, l'évacuation de Tintingue fut définitivement ordonnée par le gouverneur de Bourbon, le 31 mai 1831, après avoir été approuvée le 25 mars précédent par le conseil privé, et le 20 avril par le conseil général de la colonie. Elle s'effectua paisiblement, du 20 juin au 3 juillet, sous la protection de la corvette *l'Héroïne* et de la gabare *l'Infatigable*. Un corps de trois mille Ovas s'avança seulement jusqu'en vue de la place, mais il ne fit aucune démonstration hostile. Les fortifications de Tintingue furent détruites, et l'on livra aux flammes les édifices (en bois) par nous élevés, attendu que leur démolition et les frais de transport auraient coûté au delà de la valeur des matériaux. Le personnel et le matériel furent ensuite embarqués et transportés, soit à Sainte-Marie, soit à Bourbon [2].

L'établissement
de
Sainte-Marie
est
maintenu.

L'évacuation de Sainte-Marie fut indéfiniment ajournée. Il fallait donner aux colons, qui s'y étaient établis sur la foi des promesses du gouvernement, le temps nécessaire pour exporter les produits et le matériel de leur exploitation. D'un autre côté, un assez grand nombre d'indigènes, ennemis des Ovas, et qui avaient pris parti pour la France, s'étaient réfugiés dans l'île au moment de la destruction du fort de Tintingue,

---

[1] *Lettres de M. Duval-Dailly, des 2 mai et 24 juin 1831, et pièces y annexées.*

[2] *Lettre de M. Duval-Dailly, du 8 août 1831, et pièces y annexées.*

et on leur devait asile et protection jusqu'à ce qu'ils eussent pu se soustraire à la vengeance des Ovas en choisisssant une autre retraite. Il parut nécessaire d'ailleurs de conserver des moyens de protection efficaces à l'égard de notre commerce sur la grande terre, et de constater, par la présence de notre pavillon, que la France maintenait tous ses droits sur nos anciennes possessions à Madagascar. On réduisit, au reste, le personnel salarié de Sainte-Marie au strict nécessaire [1], et l'on fit rentrer dans la condition d'engagés travailleurs les Malgaches qui avaient été incorporés dans les compagnies militaires de yolofs [2]. Le ministre de la marine donna son approbation à ces différentes mesures [3].

Depuis lors, les hostilités cessèrent entièrement entre les Français et les Ovas, et nos relations commerciales se rétablirent comme par le passé sur tout le littoral. Toutefois, des explications et des correspondances qui eurent lieu à diverses reprises, soit avec le général Coroller, soit avec les ministres de la reine Ranavalona, ne laissèrent plus aucun doute quant

1831.

Cessation
complète
des hostilités
entre les Français
et les Ovas.

---

[1] Composition de ce personnel au 8 août 1831 :

État-major et administration	6
Canonniers et ouvriers d'artillerie de marine	49
Compagnies de yolofs	168
Total	223

[2] *Lettre de M. Duval-Dailly, du 8 août 1831, et pièces y annexées.*

[3] *Rapport au ministre, du 27 décembre 1831.* M. le comte de Rigny était alors ministre de la marine; il avait succédé, le 13 mars 1831, à M. le comte d'Argout. Il garda le portefeuille du département de la marine jusqu'au 4 avril 1834.

1832 — 1833.

à la ferme résolution du gouvernement ova de ne point reconnaître les droits de la France sur la côte orientale de Madagascar, et de ne jamais consentir à nous y céder aucune portion de territoire[1].

La baie de Diego-Suarez est représentée comme propre à devenir le siége d'un établissement maritime.

Malgré le peu de succès des tentatives précédemment faites pour fonder un établissement durable à Madagascar, l'importance de la possession d'un port dans ces parages ne pouvant être méconnue, le projet d'y rétablir avec honneur le pavillon français parut trouver faveur dans les Chambres et au dehors. Vers le milieu de l'année 1832, M. le comte de Rigny, alors ministre de la marine, pensa qu'il ne serait peut-être pas impraticable d'acquérir à Madagascar, soit par voie d'achat, soit en échange de nos possessions insalubres de la côte orientale, un territoire salubre et offrant d'ailleurs des facilités pour y établir à peu de frais un comptoir, en attendant qu'on pût y former un établissement maritime. La baie de Diego-Suarez, située au nord de Tintingue, avait été indiquée au département de la marine comme réunissant ces avantages. M. de Rigny chargea M. le contre-amiral Cuvillier, récemment nommé gouverneur de Bourbon, du soin de la faire explorer en même temps que les parties avoisinantes du littoral[2].

Exploration de cette baie.

Cette exploration fut exécutée en 1833 par le commandant et les officiers de la corvette *la Nièvre*. Des diverses parties de la côte visitées par les explorateurs, aucune ne leur parut plus propre en effet à la formation d'un établissement maritime que la baie de Diego-Suarez. Cette baie est extrêmement vaste et contient plusieurs beaux ports; l'eau douce y est suffisamment

[1] *Lettres des gouverneurs de Bourbon, des 6 novembre, 2 décembre 1832, 25 août 1833, et pièces y annexées.*

[2] *Instructions de M. Cuvillier, du 12 juin 1832.*

abondante; les terres qui la bordent paraissent susceptibles de culture; et, à en juger par la bonne santé que l'équipage de la corvette *la Nièvre* avait conservé pendant un séjour de trois mois sur cette côte, et par les renseignements recueillis auprès des marins du commerce qui la fréquentent, on n'y avait point à craindre l'insalubrité qui règne dans les parties de Madagascar où nous nous étions précédemment établis[1].

Quant aux moyens d'exécution, M. le contre-amiral Cuvillier et M. Achille Bédier, commissaire-ordonnateur à Bourbon, tombèrent d'accord que ce n'était ni par voie d'achat ni par voie d'échange, comme l'indiquaient les instructions ministérielles, que la France pourrait acquérir la possession de la baie de Diego-Suarez, mais bien par la conquête, en enlevant aux Ovas la domination du littoral de Madagascar, et en faisant rentrer cette nation belliqueuse dans ses anciennes limites, avec le secours de toutes les peuplades auxquelles elle avait imposé son joug. Huit bâtiments de guerre, douze cents hommes de troupes blanches, un corps de soldats yolofs, avec un matériel d'artillerie assez considérable, telles étaient les forces jugées indispensables pour cette expédition[2].

L'importance des questions qui se rattachaient à ce nouveau plan détermina le successeur de M. le comte de Rigny[3] à en renvoyer l'examen au conseil d'amirauté[4].

Le conseil d'amirauté considérant : d'une part, que les dé-

---

[1] *Lettre de M. Cuvillier, du 29 janvier 1834, et mémoires y annexés.*

[2] *Lettre de M. Cuvillier, du 29 janvier 1834, et mémoire de M. Achille Bédier, du 10 du même mois.*

[3] M. le contre-amiral Jacob, qui avait reçu, le 19 mai 1834, le portefeuille du département de la marine.

[4] *Décision ministérielle du 19 août 1834.*

penses qu'il faudrait faire pour fonder dans la baie de Diego-Suarez l'établissement projeté seraient très-considérables, et qu'on n'obtiendrait que difficilement des Chambres les crédits spéciaux nécessaires pour y subvenir; d'autre part, que le gouvernement manquait de renseignements suffisants sur les avantages que pouvait présenter la localité proposée, fut d'avis qu'il y avait lieu d'ajourner tout projet d'établissement maritime à Madagascar, quelque utile qu'il dût être pour la France de posséder un port dans une mer où nous en manquons absolument[1].

Le plan que M. le comte de Rigny avait conçu pour la formation d'un établissement maritime sur la côte nord-est de Madagascar était tout pacifique; il aurait pu, s'il eût été reconnu exécutable, s'effectuer sans demander de nouveaux fonds aux Chambres, du moins jusqu'à ce qu'il eût été nécessaire de lui donner de l'extension; on aurait eu alors le temps de juger si la localité avait été bien choisie, et notamment si elle était exempte de cette insalubrité qui faisait tant de ravages à la côte orientale. Mais l'administration de Bourbon proposait un armement considérable pour s'emparer de vive force de cette localité et s'y établir immédiatement; or, indépendamment de l'inconvénient d'avoir à sollicter des Chambres les allocations nécessaires pour la mise à exécution d'un tel plan, il a paru qu'il serait peu conforme à la loyauté qui caractérise notre gouvernement de s'emparer ainsi d'un territoire étranger, sous le prétexte que la possession en avait été usurpée, mais, au fond, par le seul motif qu'il offrait des avan-

---

[1] *Procès-verbal de la séance du conseil d'amirauté, du 27 décembre 1834.*

tages pour s'y établir. Le ministre de la marine [1] a donc adopté l'avis du conseil d'amirauté [2].

Il restait à s'occuper de l'île Sainte-Marie. L'administration de Bourbon en proposait l'évacuation, la représentant comme inutile à notre commerce et à notre marine, surtout dans l'hypothèse de la fondation d'un nouvel établissement à la côte nord-ouest.

Le conseil d'amirauté, consulté à ce sujet, avait exprimé aussi un avis peu favorable à la conservation de Sainte-Marie, en proposant cependant de ne procéder que graduellement à l'évacuation, si elle devait être ordonnée.

Le ministre de la marine, après avoir mûrement examiné la question, a cru devoir ajourner toute détermination à ce sujet; mais il lui a paru possible de réduire dès à présent les dépenses de notre établissement à Sainte-Marie. En conséquence, le gouverneur de Bourbon a reçu l'ordre [3] de renvoyer au Sénégal la majeure partie des noirs yolofs de la garnison de Sainte-Marie [4], et il lui a été notifié que les dépenses de ce poste seraient réduites à soixante mille francs [5].

Le ministre de la marine a d'ailleurs chargé M. le gouverneur de Bourbon d'examiner, en conseil privé, les questions suivantes [6] :

1 M. l'amiral Duperré, entré en fonctions le 22 décembre 1834.

2 *Rapport au ministre et décision ministérielle du 13 janvier 1835 : dépêche ministérielle du 22 mai 1835.*

3 *Dépêche ministérielle du 22 mai 1835*

4 La portion européenne de la garnison de Sainte-Marie se compose, en 1836, de trente-sept hommes, dont six artilleurs et trente-un fantassins.

5 *Dépêche ministérielle du 25 août 1835.*

6 *Ibidem.*

1835.

« 1º La possession de Sainte-Marie, même sans utilité comme poste militaire, n'offre-t-elle pas un avantage politique, en ce sens que la présence du pavillon français couvre d'une sorte de protection morale nos relations de commerce avec la grande terre, en même temps qu'elle constate le maintien de nos droits de propriété à l'égard de nos anciens comptoirs de la côte orientale?

« 2º L'île Sainte-Marie ne sera-t-elle plus nécessaire à Bourbon pour y transporter les esclaves dangereux?

« 3º Les noirs provenant de saisie en matière de traite devant être libérés en 1838, et devant être préparés incessamment à la liberté absolue dont il jouiront alors, ne sera-t-il pas utile de les placer dans une situation intermédiaire, où ils prennent l'habitude du travail par l'attrait de la propriété, et l'île Sainte-Marie n'offre-t-elle pas des facilités pour mettre à leur disposition, dans cette vue, des terrains qui puissent leur être ultérieurement concédés?

« 4º N'aurait-on plus à s'occuper, en cas d'évacuation, de donner ou de procurer un autre asile à ceux des naturels de la grande terre qui s'y sont réfugiés, et qu'on ne peut pas livrer à la vengeance des Ovas?

« 5º Enfin n'est-il pas reconnu que l'abandon du territoire de Sainte-Marie pourrait donner lieu à des indemnités en faveur des Européens qui y ont formé des établissements de culture non encore délaissés, et quel serait alors le montant approximatif de ces indemnités? »

La réponse à ces questions est attendue.

Renseignements donnés par un capitaine

Le ministre de la marine a dernièrement reçu du capitaine d'un navire du commerce qui a fait plusieurs voyages à Mada-

gascar, un rapport dont le contenu est propre à fixer de nouveau l'attention sur cette île[1].

Ce capitaine a mouillé vers la fin du mois de mars 1835
à Tamatave; il y a été parfaitement accueilli, et il y a placé
sans difficulté un chargement de deux cent quarante tonneaux.

Les habitants ont cru voir, dans l'expédition directe à Madagascar d'un navire du commerce français, une preuve que la
France renonçait à faire de nouvelles tentatives pour s'emparer
d'un point quelconque de l'île. Il paraîtrait que jusqu'à présent
la crainte de tentatives de ce genre a été si forte, qu'elle
aurait empêché le gouvernement ova de pratiquer des che-
mins pour faciliter les communications intérieures et favoriser
l'essor de la civilisation.

La reine Ranavalona a fait dire à ce capitaine, par le prince
Coroller, commandant de Tamatave, qu'elle serait flattée que
la France voulût faire un traité de commerce et d'amitié
avec elle, traité d'autant plus désirable et d'autant plus avantageux pour nous, ajoute l'auteur du rapport, qu'à Madagascar
les Français sont préférés aux Anglais, nonobstant les efforts
multipliés de ceux-ci pour disposer le pays en leur faveur.

Le même capitaine pense que, si la France voulait envoyer
un agent à la cour de Tananarivo, et ne soumettre qu'à de
faibles droits les marchandises qui seraient importées directe-
ment de Madagascar en France, on obtiendrait facilement du
gouvernement ova, les conditions les plus favorables pour
notre commerce avec cette île, qui renferme une population
très-nombreuse[2], et où les produits de notre industrie pour-

1835 — 1836.

au long cours
arrivant
de Madagascar.

---

[1] *Rapport du 4 novembre 1835.*
[2] L'auteur du rapport l'évalue à cinq ou six millions.

raient s'échanger avantageusement contre des denrées coloniales.

Le gouvernement s'occupe en ce moment de l'examen des deux conditions présentées par l'auteur du rapport comme particulièrement susceptibles de déterminer la reine des Ovas à adhérer aux propositions qui lui seraient faites. Il n'est pas nécessaire d'ajouter que cette matière sera, comme tout ce qui se rattache aux intérêts de notre commerce, l'objet de l'attention la plus suivie.

www.ingramcontent.com/pod-product-compliance
Lightning Source LLC
Chambersburg PA
CBHW051232030726
47595CB00003B/867